BIG FAT LIES
WOMEN
TELL THEMSELVES

# 女人，
# 你想太多了

[美] 艾米·阿勒斯（Amy Ahlers）◎著　谭苗苗◎译

北京师范大学出版集团
BEIJING NORMAL UNIVERSITY PUBLISHING GROUP
北京师范大学出版社

Big Fat Lies Women Tell Themselves
Text Copyright© by Amy Ahlers 2011
First published in the United States of America by New World Library.
Simplified Chinese edition copyright: 2014 Beijing Normal University Press (Group) Co., LTD
Arranged through CA-LINK International LLC ( www.calink.com )

北京市版权局著作权合同登记图字01-2012-8641号

图书在版编目(CIP)数据

女人，你想太多了 /（美）阿勒斯著；谭苗苗译.—北京：北京师范大学出版社，2015.1
ISBN 978-7-303-18014-1

Ⅰ.①女… Ⅱ.①阿…②谭… Ⅲ.①女性－成功心理－通俗读物 Ⅳ.①B848.4-49

中国版本图书馆CIP数据核字(2014)第225682号

营销中心电话 010-58805072 58807651
京师心悦读新浪微博 http://weibo.com/bjsfpub

NYUREN,NIXIANG TAIDUOLE
出版发行：北京师范大学出版社 www.bnup.com
北京新街口外大街19号
邮政编码：100875
印　刷：北京京师印务有限公司
经　销：全国新华书店
开　本：170 mm × 240 mm
印　张：17.75
字　数：176千字
版　次：2015年1月第1版
印　次：2015年1月第1次印刷
定　价：35.00元

策划编辑：谢雯萍　责任编辑：戴　铁
美术编辑：袁　麟　装帧设计：红杉林文化
责任校对：李　菡　责任印制：陈　涛
营销编辑：张雅哲　zhangyz@bnupg.com

女人们，不要再对自己那么苛刻了！这里有非常重要的建议供各位新时代女性参考。本书的作者艾米·阿勒斯凭借她敏锐的洞察力，用幽默风趣的语言给广大女性朋友呈现了灵活多样的问题解决途径和有价值的人生经验，字里行间透着对生活的热爱，富有强烈的感染力。

——玛茜·西莫夫

（荣登《纽约时报》畅销书榜的《无缘由的爱》作者）

本书献给我的女儿安娜贝拉——一个积极向上的阳光女孩。你似乎一直都自信满满地向世人展示着自己的聪明伶俐，令人情不自禁地为你的完美表现而喝彩。你是那么的惹人喜爱！

同时，本书也献给罗布——一个无论在我光彩照人时还是在我黯然失色时都一如既往爱我的人。谢谢你让我感受到无条件的爱。

# 目　录

# 序　言

我深知因为想得太多而被内心那个刻薄的谎言所左右的痛苦，心中消极的自我评价就像一团阴云笼罩在我的头顶，让我的人生见不到阳光，这多么令人郁闷啊。因此我也深知进行一场解放自我的运动是多么意义深远，赋予自己做出全新改变的力量是多么重要。

我们所有人都是从小就相信那些内心的谎言，而且绝大多数人都是按照这种传统的生活模式迷迷糊糊地走完了一生。艾米的这本著作妙就妙在毫不留情地揭露了我们对自己说的内心谎言是多么不值得去坚守，打破了传统守旧的生活观和价值观，向我们展示了应该怎样改变自我意识，赋予我们更伟大的人生智慧，唤醒了我们心中积极的自我认同感。

书中呈现的59个谎言我们一一读来，就会对自己或者最好的朋友，或者自己的姐妹、母亲、女儿等有全新的认识。在了解了谎言背后的真相以后，你会有种醍醐灌顶的感觉，然后就会有要改变自己的想法。你会探索并实践种种新的“挑战”，让自己有所改变，并且会在“鼓舞箴言”的支持下践行新的人生信条。

二十多年来，我撰写了多部富有革新精神的图书，也致力于指导人们改变既有的生活方式，我发现还没有一样东西能比我们内心的谎言更有害。我们盲目地接受内心消极的自我暗示，并按照这种消极的暗示过着压抑的生活。缺乏自我认同感和自我价值感的不利影响传给了一代又一代人，直到有一天人们懂得了如何过一种截然不同的全新生活。

本书恰恰就是用富有实践性和平实亲切的语言向大家展示了应该如何践行一种全新的思维方式，走上一段不同的人生之路。艾米不仅挖掘出了内心谎言的真相，揭开了蒙在上面的神秘面纱（相信我，你也会产生共鸣），而且还呈现了许多真实的生活案例，其中既有她自己的人生经历，也有很多来自其他人（像你一样）的富有代表性的生活经历。

我非常高兴地告诉大家，艾米在本书中呈现了如何一步步实践她所倡导的生活理念的过程。因为我与艾米私交甚好，并且因处于相似的专业领域而与她联系密切，所以我见证了她的实践过程，也亲身体验了她为我实施的第一级生活指导，因此我可以很负责任地告诉你，她还是一位出色的母亲，对她的女儿安娜贝拉而言，这是毋庸置疑的。

书中提供了许多真实有效的问题解决方式和丰富的精神食粮，并且教会你如何让心灵的智慧之光熠熠生辉，如何利用被唤醒的积极的自我认同感。你还可以学会运用一种极其有效的“三步走”策略，在任何时候都能驱除内心的自我批评与贬低所带来的消极影响，赋予自己力量和勇气去做出卓越的改变，然后你就能看到自己的生活之树变得越发枝繁叶茂了。

苏珊·阿丽尔·瑞恩布欧·肯尼迪　又称萨克
《笑看云卷云舒》作者

# 简　介

你的人生中最重要的一种关系定位就是你对自己的认同感，而我们大多数人却没有对此投入足够的热情与关注。我们总是对自己充满了怀疑，总喜欢苛求自己，这真是自寻烦恼！

在很多女性朋友看来，如果我们举止优雅、处世有道，既有魔鬼的身材，又有天使的面容，而且还衣食无忧，那么我们应该能够迅速把缺乏自信的潜意识转换成积极向上充满热情的自我认同感，从内心深处把自己定位成一个人见人爱、花见花开的完美女性。不过我在十几年的生活导师生涯中，接触过许多处于不同人生阶段的女性，从而发现了这样一个问题：不论外部环境如何，女人对自己的要求真的十分严格和苛刻。我们在成长的过程中一直遭受着各种各样的打击，甚至都不能容忍一些细微的瑕疵。这根本就不利于我们获得更大的成功，也不会让我们有更多的满足感，更不会让我们的人生有更大的收获。

你的人生中最重要的一种关系定位就是你对自己的认同感。

那么到底是谁让我们对自己如此苛刻呢？我们的生活“大

餐”中有如此多的“菜肴”：要忙工作，要追求浪漫，要养育孩子，要保持健康……要干的事情越来越多，永远也干不完。我们还计划回家的时候买点培根，然后用平底锅煎一下，跟爱人享受一次美妙的性生活（别让他忘记自己还是个男人），还要去洗衣服整理家务，去运动健身，要在生完孩子之后还能有“前凸后翘”的身材以及紧致而富有弹性的皮肤。我们似乎有种感觉，就是要在同一时刻赶去无数个不同的方向，就像卡通人物冈比（Gumby）一样可以轻轻松松做到无所不能。可是我们是血肉之躯，是活生生的人，我们怎能大气不喘地一直忙碌下去呢？就让我们停下脚步稍做歇息如何？

## 谎言的代价

一项调查发现，我们每个人平均每天会产生六千个想法，其中绝大多数想法都是消极的，都是批判性的。换句话说，我们一天到晚都在不断地重复做自我批评和自我打击，简直就跟吸毒一样上瘾。结果是这些谎言吞噬了我们原本应该拥有的自信、自爱和自我价值感，降低了我们的自我评价，让我们逐渐走向了消极和沮丧，变得越来越没有成就感，越来越不满足，被巨大的压力弄得几乎要窒息了。

我们正在为这些谎言付出沉重的代价。这里有一些事实数据呈现给那些沉湎于谎言的人们。

- 我们正处于过度劳累和紧张的状态中。美国国家健康研究所的一项报告显示，有70%的疾病都跟人们承受的压力有关。
- 我们都很焦虑。《时代》杂志宣称，新时代女性的能量更不可小觑，但是她们跟以前相比变得更加郁郁寡欢。
- 即使我们做得很出色，我们也依然没有感到自己做得不错。贝齐·史蒂文森和贾斯廷·沃尔夫在《有关女人幸福感日益减少的悖论》一文中说过："对美国女性生活进行的大量客观测评显示，在过去的三十五年间，广大女性对自己的幸福感进行的自主评价呈一路下滑趋势，不论是绝对的幸福感，还是跟男性相比较而产生的相对幸福感，都在逐渐降低。"
- 所有这些自我贬低的消极评价严重影响了我们的精神健康。美国国家精神健康协会的一项报告表明，受到消极影响的美国女性人数是男性的两倍，而且有500万~1000万的成年女性和女孩存在饮食失调问题。

我们是怎样变得消极沮丧了呢？我的意思是，广大女性朋友们经过努力争取来了选举权，赢得了更大的自由，变得更加强大……这种种历史的进步却带来了巨大的痛苦。我们是时候勇敢地推开窗门大吼一声："我要疯了！我再也不想过这种地狱般痛苦的生活了！"我明白，你也明白，我们都做好准备要去争取自己的幸福了——而不仅仅是吞个小药丸儿这么简单。我们

> 痛苦和烦恼往往来自于你想得太多了。

到了解放自己的时候了，尽情享受快乐人生吧。你准备好了吗？下面来看看到底应该怎么做！

## 心中的小恶魔

下面请允许我向你隆重介绍一下你心中的小恶魔。“小恶魔”这个词是我的同事克里斯汀·阿里洛和我一起创造的。你心中的小恶魔是个消极的家伙。她阴险又刻薄，武断又恶毒。她总是拿你的最短处去跟其他人的最长处相比较，在她眼里，你永远是个彻底的失败者。

她总是残忍地对你恶语相加，一次又一次地把你贬低到最底层，而不是让你成为大众中的一员。你心中的小恶魔最喜欢干的事情就是压制你的自信心，让你觉得自己无比渺小，什么也干不成，毫无价值可言。她总是不遗余力地去寻找证据来证明你就是个差劲的人。

那么我现在要告诉你的一个消息是：你心中的小恶魔其实就是个爱说谎言的大骗子！她不断对你说谎的目的就是为了让你维持现状，让你保持一种自以为安逸的状态，即使你的现有状态并不怎么样。她会一次又一次地跟你重复：“你根本不行！”“已经太迟了！”“你就是个失败者！”

这全部都是谎言！

如果你已经意识到了内心深处的那个批评家其实是个谎言

家，那么你可以试试能否在实际生活中控制住她。（暗示你一下：无论你什么时候对自己产生了沮丧之情，她都会立刻拿着扩音器放大你的消极情绪。）你会注意到她特别喜欢使用绝对化的词语。她会经常说“从来没有”“一直是”“永远不会”“所有的一切”“每一个人”“必须”“什么也没有”“没有一个人”等字眼儿，以此来粗暴地对待你，让你觉得自己就是个彻头彻尾的失败者。她从来只会用“非黑即白”的原则看待一切事物，从来不会给人留出一丝一毫的空间，刻薄至极。

你是否觉得只有你自己有这种感受？你是否觉得只有那种明显缺乏安全感的女人才会相信这些谎言，并且被心中的小恶魔所左右？你还是再好好思考一下吧！我们听到精力旺盛的伊丽莎白·吉尔伯特——畅销书《吃，爱的祈祷》的作者宣称：“别看我已经写了五本书了，我依然很忧虑，我觉得自己还没有写出真正像样的经典著作。”还有奥普拉也承认她的世界的中心就是减肥这件事，为了减肥她失去了很多应有的人生乐趣：“我觉得我要疯了！我简直太尴尬了！我实在不敢相信，都这么多年过去了，我所了解的一切都离不开减肥这件事，我长期以来都无时无刻不忘讨论减肥的话题，我一直在围绕我的体重喋喋不休。”我们由此可以发现，即使在那些站在成功之巅的女性心中，爱说谎的小恶魔也十分猖狂。换句话说，这不是个别的现象，不是某个人的失败，实际上被小恶魔欺骗和受其折磨的女性大有人在，这是个普遍性的问题。

## 来认识一下爱说谎的小恶魔吧

我曾经和“自我批判观念的革新课程”创始人克里斯汀·阿里洛一同讨论、教授相关的课程，以便让更多的人了解自己心中的小恶魔，尽快走出谎言带来的阴影。在为几千名女性教授了相关课程以后，我发现人们内心深处的小恶魔能够以许多种不同的形式表现出来。有些人会在小恶魔的控制下变得十分悲观，或者盲目乐观。尽管小恶魔的外在表现变幻莫测，但是我希望能在我的帮助下让你了解小恶魔的真实面目，这样你就能主动消除她的不利影响，最好一次到位，彻底把她清除掉，以绝后患！

现在请按照下面的步骤开始行动！

- 确认一下你心中的小恶魔喜欢在什么地方、什么情况、什么环境对你施加不利影响，列举出前十项。你一般会对自己进行哪些方面的自我批评呢？是关于工作的？关于社交的？还是喜欢躺在床上自省呢？抑或是每次照镜子都会觉得自己不顺眼？一旦你知道了心中的小恶魔会在什么情况下发威，你就能更充分地做好准备去对付她。
- 给你心中的小恶魔画一幅画像。她是不是一个带着大眼镜的胖子呢？是不是面色红润非常健康呢？是不是一手夹着香烟一手端着一杯马提尼酒的邋遢鬼呢？不用担心你画不出小恶魔的样子，因为除了你以外没有人见过她的真面目，所以你就大胆地画吧！如果你实在不愿意画的话，你也可以从杂志上或者互联网上找一个能表现出你心中小恶魔的图片。这可以使你从精神层面认识那些让你感到痛苦的刻薄的批评。

- 对你心中的小恶魔进行更深层次的了解。看看是什么能够让她更加猖狂，是什么能够打击她的嚣张气焰。如果你冲她大吼一声“闭嘴!”会发生什么事情呢？如果你只是平静地望着她，并且向她保证一切事情都会按照既定轨道顺利发展，又会发生什么事情呢？也许她就是喜欢你时不时地对她进行称赞和恭维。毕竟你心中的小恶魔也是需要爱的。
- 你心中的小恶魔最喜欢什么谎言？她一遍又一遍说的谎言是什么？（友情提示：如果你需要一些实例的话可以参考本书的目录。）小恶魔会为了支持自己的谎言而广泛收集证据。她会竭尽所能地汇集各种受其青睐的惩罚性的消极悲观的故事，以此来影响你的价值观，打击你的自信心。

## 你正在被心中的小恶魔折磨的种种迹象

如果你正在被下面这些痛苦的情绪折磨着，那么，这就意味着你被小恶魔的谎言击败了。

- 害怕
- 缺乏安全感或价值感
- 绝望
- 沮丧

- 罪恶感
- 悲观厌世
- 懊悔
- 失意
- 生气
- 不耐烦
- 自责
- 失望
- 厌烦
- 嫉妒

你知道如果听信了小恶魔的谎言会变得多么抓狂吗？你已经开始了解心中的小恶魔了，也慢慢了解了她讲的谎言故事，那么现在是时候转换一下方向了，让我们来听一听心中的另一种声音吧——来自你心中的智慧女神。

## 来认识一下你心中的智慧女神吧

据我所知，虽然你心中淘气的小恶魔会不断地用污言秽语大声斥责你，但与此同时，你的心中还有另一种更加坚定有力的声音——表达了你更真实的思想，体现出你内心的智慧。现在请立刻拿出点时间来审视一下你心中的智慧女神吧。闭上你的双眼，做一个深呼吸，然后请出心中的智慧女神。静静感受她在你的内心深处散发着能量，唤醒你的自尊，开始书写你辉煌壮丽的人生篇章。

想想你心中的智慧女神百分百发挥作用的时刻。你在智慧女神的指引下往往能清楚地了解哪些事情是能轻松应对的，哪些是棘手的麻烦事儿。也许你乖乖地听从了智慧女神的口令，很好，你的直觉是完全正确的，一定要自信！或者你违背了自己的本能反应，然后就开始悔不当初，跟你最好的朋友哭诉："我就知道我不能按时完成任务！"或"我当时就觉得这份工作不适合我，可是我还是硬着头皮干了。"可能在你做饭的时候、画画的时候、远足的时候、泡澡的时候、写作的时候，心中的智慧女神就给了你神奇的指引。

请允许你心中的智慧女神肆意地发挥作用，让我们开始真正接触她，这样才能更好地了解她。请参考下面的建议。

- 了解一下你心中的智慧女神是如何与你进行沟通的。她喜欢在你耳边窃窃私语吗？你能感觉到她在你的身体里吗？你的眼前会出现她的形象吗？或者你只是在某些特定的时刻感觉到她的存在？你要逐步了解她是怎样与你进行沟通的。
- 为你心中的智慧女神画个像。她有哪些本质上的特点？你可以自由选择绘画形式，油画、蜡笔画或者用铅笔画个素描都行。或者从互联网上找个类似的图片，或者做一个拼贴画等。让我们通过自己的努力来展现真实存在着的智慧女神。
- 允许你心中的智慧女神对小恶魔的谎言做出直接响应。如果你提出问题并敞开胸怀等待回复，那么你将会了解、听到、看到、感受到智慧女神的反馈。顺便说一句，你心中的智慧女神还会告诉你一些不好的真相，但是她是出于爱你和同情你的本意才这么做的，而不是为了羞辱你和批评你。

干得好！有没有觉得了解你心中的智慧女神是件非常开心痛快的事情呢？如果你有下面这些感受的话，说明你已经开始关注心中的智慧女神所宣扬的真理了。

- 喜悦
- 爱笑
- 快乐
- 乐观
- 妙趣横生和冒险感
- 灵感四射
- 自由
- 有能力
- 热情奔放
- 激情澎湃
- 充满希望
- 情绪稳定
- 知情晓义

我强烈建议你每天都拿出一些时间来与心中的智慧女神进行沟通。当你进行冥想时，你会发现智慧女神的气场非常强大。你每一次静坐或阅读思想深刻的图书所收获的各种感悟都抵不过智慧女神的魔力。你也许很想养成在做出任何新的决定之前都先与智慧女神进行沟通的习惯。你可以在工作场所放置象征着智慧女神的图片或标识，让她一直在你身边陪伴你工作，也可以把这些图片或标识放在你的床头、你的车里。有些女性会在每天早晨涂抹护肤液的时候跟心中的智慧女神悄悄交流一番，以便在梳妆打扮之后能以真诚自信的妆容走出家门。还有些女性会在拨打重要的电话或发送重要邮件之前先用一小段时间求助于心中的智慧女神，希望得到她的点拨。我一般会在计算机上设置一个在后台运行的提醒闹钟，在我忙于工作时每隔75分钟就响一次，以提醒我该做个深呼吸了，要跟心中的智慧女神沟通一下，而后会顿觉心胸变得更加宽广，思路更加广阔。不管你用什么方式在每天的日常生活和工作中与自己心中的智慧女神进行交流与沟通，对你而言都不无裨益。请你永葆乐于探索的心灵——智慧女神将要赠予你的礼物是无穷尽的，她将带给你取之不尽的智慧宝藏。你会对她的聪明才智赞叹不已。

## 唤醒你心中积极的自我认同感

慢慢地，你与心中的智慧女神的沟通越来越频繁，你会发现自己身上也逐渐开始散发着智慧的光芒，尽管这份光芒还有些微弱，并不是特别耀眼。是否还记得一首歌中唱的“就算现在我散发着微弱的光，我也坚信在将来能变得光芒万丈”？这句歌词正是你的真实写照：一定要牢记如何让你自己变得光彩夺目。一旦你唤醒了心中积极的自我认同感，笼罩在你上方的智慧光环将会发出前所未有的耀眼光芒。

我希望你能和心中的智慧女神保持密切联系，拥有源源不断的活力，点燃体内智慧的火花，这样你就自然而然地具备了积极的自我认同感。当你把内心深处积极的自我认同感充分唤醒以后，你会自信满满地昂首阔步向前进，在广阔的天地中充分地展现自我。你身上散发着迷人的魅力，因为你正在循着内心的真实需求而努力奋进，你真正尊重了自己的意愿，你就像是一个巨大的正能量之源泉，正在汩汩冒出无尽的幸福、爱与成功。

我们大家都曾经在某些时刻真实地感受到自己内心积极的自我认同感，我在这里要说的是，你可以在积极的自我认同感的庇护下享受一种全新的舒适生活。你会感到自己有了新的归属，智慧之光一直萦绕在身旁。当你开始压制心中刻薄的自我批评的声音、抵制小恶魔的消极影响时，你已经变得更加敢于尊重真实的自我意愿，不再因为消极的自我评价而动摇自己的信心。本书要表达的就是这种充分尊重自我的人生信条，要充分唤醒你心中积极的自我认同感，努力散发出智慧之光。我会在书中呈现唤醒你心中积极的自我认同感的办法与工具，这样你就能一直保持优雅的姿态和美丽的容貌了。现在到了让你光芒四射的时候了！

## 我知道的真相——与你有关

你是那么聪明伶俐……如果你有时变得不够聪明，那肯定是因为你心中积极的自我认同感还没有被激发出来；你是那么惹人喜爱……如果你有时变得不够可爱，那肯定是因为你心中积极的自我认同感还没有被激发出来；你是那么善良仁慈……如果你有时变得不够善良，那肯定是因为你心中积极的自我认同感还没有被激发出来。

你到底有多大的潜力？
找出这个问题的真相吧！

如果你心中积极的自我认同感没有被激发出来，那么你就远离了真实的自我，背弃了心中的智慧女神，失去了你所赖以生存与发展的力量之源。现在是时候让你解放思想，发挥聪明才智，在积极自我认同感的引领下书写新的人生篇章了。

## 选择权在你手上

当你沉浸于本书，开始试着改变你的思维方式和行为方式时，你可能会不由自主地试图回到过去的生活模式，这叫作“自动平衡”：我们的思想、身体和精神都会趋向于重返我们所熟知的境况。我们试图悄悄回头关注那堆列了待办事项的日程表，日复一日地重复着平淡无味的生活。我们倾向于墨守成规，回到以前的日子，继续保持曾经的生活习惯。我们对那些可以促成转变的机会视而不见，在每一个可以寻求改变的时刻，你需要主动做出选择：

你可以选择坚持消极的观点，让自己相信心中的小恶魔对你的恶意中伤，相信她的谎言，去承受痛苦。

或者：

你可以选择坚持积极的观点，让自己快乐起来，发掘真相，追随真实的自我，让心中的智慧女神散发迷人的魅力。你会在这条道路上找到更多的幸福快乐，在生活的方方面面都赢得更大的成功。你会更加充分地唤醒心中积极的自我认同感。

选择权在你手上。

那么从现在开始，请让我成为你的引路人，把我设置为你的私人“提醒闹钟”。我愿意与你心中的智慧女神一起帮助你激发出强大的正能量，唤醒你积极的自我认同感，让你认识到自己的潜能有多么巨大！我想拉你走出谎言，让那些在你的生命中肆虐已久的消极心理暗示统统走开，这样你就能怀揣着美好的梦想去体味更加快乐幸福的人生。我还想邀你一起努力驱逐你心中的小恶魔，从她的手中夺回你的自信与活力，而且要让你重放智慧之光，成就灿烂与辉煌！

## 设置“提醒闹钟”的三个步骤

你可能会问：“艾米，我该怎么做呢？我怎样才能唤醒心中积极的自我认同感呢？”本书列出了大量可以帮你改变自己的方法和实用攻略，不论什么时候你都可以拿来对付那些消极的谎言。而且我还有一个法宝，这可是我在过去的十一年里摸索总结出来的，在任何时候都可以将这个法宝作为对抗消极谎言的有力工具。无论何时，只要你感到痛苦的情绪开始蔓延，或者你心中的小恶魔又开始作祟，你都可以试着用以下三个步骤来解决问题。

步骤一：问问自己，“我心中的小恶魔在说些什么？”你会听到种种清晰的声音。小恶魔会让你干脆承认自己是个丑八怪，各种打击你的词汇不断涌入你的大脑。在贬低你的声音中，你经常会突然觉醒，走出情绪的低谷。把困扰你许久的谎言从心中阴暗的角落带向光明吧，这样你才能逐步恢复元气，消除谎言对你的恶劣影响。

步骤二：闭上你的眼睛，做一个深呼吸，问问自己，“我心中的智慧女神都知道些什么呢？”然后让她尽情地表达——不是让她唠叨陈词滥调，或者强迫她宣扬乐观主义，而是让她实事求是地评价“你是什么样的人”，说说你在当下的精神追求是什么。

步骤三：这是最后一步，让你心中的智慧女神不断重复积极的言论（如果可能的话最好拿个扩音器），以便让积极乐观的论调在你心中生根发芽。你在接纳这些积极的信息时也会形成固定的条件反射，这就是所谓“增强自信消除心理障碍”技巧，可以引导你的身心适应真相，让你展现真正的自我。我心中的智慧女神指引我轻叩自己的心灵，我的客户珍妮则像蝴蝶扇动翅膀一样挥舞着她的手臂，我的朋友艾莉森则喜欢轻轻抚摸自己的肚皮。我们以不同的方式跟自己真实的灵魂展开了交流。这种肢体动作不仅有利于加深我们对真相的认识，说明我们深刻了解自己，而且还能在我们感到生气、沮丧、悲痛的时候指示我们应该怎么做。你心中的智慧女神在接到这些肢体语言的提示信号后会及时做出反馈，向你发出指令，提醒你的身体要保持冷静，根本不需要只言片语。

举个例子来说，假设你是一个肥胖者，并且一直为体重苦恼不已，你可能已经相信了心中的小恶魔对你说的谎言，例如“我就是个大胖子，而且我永远都不能控制好自己的体重”或者“我就是个毫无价值的人”。当然你也可以选择相信心中的智慧女神对你揭露的真相，相信下面这些充满自信与希望的论调：“我的盘子里剩下了很多饭菜，我可以让体重降下来，而且我相信通过我的努力能让自己拥有标准身材。”“我已经做好准备来拿出时间完成减肥大业了。”把你的关注点转移到心中的智慧女神上，你就可以一直追随真实的自我需求，一直保持旺盛的精力和生活热情，你也会一直保持良好的情绪状态。如果你能越来越频繁地练习前面提到的三个步骤，那么你会发现心中积极的自我认同感一直陪伴着你享受丰富多彩的人生。

## 我们为什么要对自己说谎呢

当你看到这儿的时候，你可能会心生疑问：“为什么会有谎言呢？为什么广大女性朋友们对待自己要如此苛刻呢？为什么要让我们心中的小恶魔如此猖狂呢？”我从自己的个人生活经历以及当生活指导教练的工作经历中总结出人们普遍存在的共性，那就是大家觉得“自我贬低”能让自己心里更舒服一点。我们喜欢固守这份“舒适”，这样可以持续掌控我们自己微薄的力量。我们特别害怕一个人待在某个地方，感觉就像被丢入了牢房。我们女性的力量绝不可以低估，在很多方面我们甚至比充满阳刚之气的男人们还能有更多不可思议的表现，因为我们从小女孩时代就接受了有关自立自强的教育和训导。现在我们逐渐爱上了心中的智慧女神，开始唤醒心中积极的自我认同感，我们将会拥有更多的“舒适感”，因为我们可以展现属于自己的光彩。当我们越来越懂得施展个人魅力、散发智慧光芒的时候，我们也慢慢在人生的诸多方面开始展现自己的卓越能力。试想一下，如果我们自信满满地昂首挺胸屹立在天地之间，心怀自豪感和对生活的无比热爱，秉承仁爱智慧的做人原则，有着强大的生命力，对自己和其他人都充满信任，那么我们生活的世界将是多么美好啊！我们应当充分发挥自己的潜能，激发出责任感，并享受它们带给自己的一切，不只对我们自己要秉承开放的态度，对其他人以及外部世界都应该敞开胸怀，不要遮遮掩掩，不要刻意隐瞒自己的能力。

现在请你拿出一点时间想象一下自己充满力量和快乐的感觉吧。想象一个所有女性都充满力量和快乐的世界吧。你会感到惶恐不安或者浑身不适吗？如果你会有这样的感觉，那么这种不适感就是导致你总是对自己说谎（即刻薄的自我批评与自我贬低）的原因了。

用本书中提供的方法和思路去揭露你心中小恶魔的谎言，最关键的一步是要搞清楚你的每一个谎言都带来了什么后果。毕竟有很多后果都是我们在对自己说谎的时候所没有想到的。一般情况下会有以下这些后果。

- 消极怠工——“我就知道这样根本不行，没用的！”
- 在别人指出之前自己先宣布失败理由，给自己找借口——“这次考试失败是因为我没有好好复习。”
- 找出跟自己在一条船上的人——“我们大家都在抱怨自

己的婚姻啊！”

- 没有激发出自己的能量，低估自己的能力——“我真的是无能为力。”
- 喜欢维持现有的舒适感，做自己熟悉的事情——“我还是不要轻易改变人生之舟的航行方向吧。”
- 引起别人的关注——“我需要帮助！”
- 觉得自己受到不公正待遇，认为别人对自己有偏见——“我真的很难过，所以我还是去吃点曲奇饼干吧。”
- 爱生气记仇——“我永远不会原谅那个家伙！”

充分了解你的谎言有助于你冲破自我欺骗的牢笼，挣脱谎言之网，重拾自信，找回自己的生命能量。要注意哪些谎言的后果最容易让你产生共鸣，最容易让你的情绪受到影响，一旦有不良情绪滋生出来，你就要立刻问自己：“真相是什么？”或者“我心中的智慧女神会怎么说呢？”

## 操作指南

禁锢广大女性思想的谎言桎梏其实既简单又容易理解。每一个谎言都伴随着如下要素。

- 真相：设置一个“提醒闹钟”和追求“真实自我”的生活模式可以点燃你的思想火花，促使你打破固有的消极思维方式，向着积极的思维方式转变，以便生成更多富有生命力的思想观点。

- 挑战：一项具有可操作性的生活指导课程能够让你在实践中认识真相。我强烈建议你去勇敢迎接挑战，完成一系列训练任务。你可以随便写写画画，用涂鸦的方式描绘出你心中智慧女神的形象。
- 心理暗示：如果你像念咒语一样反复大声念叨一句话，那么你肯定能加深对这句话的印象。所以你可以利用我的网络在线工具去寻找适合自己的警言警句并打印下来，将其贴在你的镜子上或者汽车的仪表盘上，用这种方式可以简单直接地提醒你面对真相，不断给自己心理暗示“我可是个优秀的人才啊”。
- 最后，你还将找到一条精妙语录，它能够有效地激发出你的生命能量，不断鼓励你勇敢走出谎言，直面真相。

请你把本书看成是一个妙趣横生、精彩不断的神奇饼干盒，里面装有对你而言最棒的奖赏——一幅更美好的人生画卷。曾经影响了你许久的自我贬低的谎言确实是一种容易追随的生活方式，但是现在你该面对真相转变生命之舟的航线了，你要进行自我变革。不过我们毕竟生活在一个快节奏的时代，生活在快餐文化之中，无论是对话交流还是上网“冲浪”，无论是乘坐飞机、火车还是骑摩托车，我们都希望能快些，再快些。那么我们来进行迅速的自我帮助和改变如何？

也许你可以选择用多种不同的方式来灵活运用本书所提供的信息。

- 通读全书，在你感兴趣的谎言下面做上标记，以便再次仔细阅读。
- 每周都仔细阅读一部分谎言，并以实际行动揭露谎言的真相，改变自己的思维模式和行为模式。
- 把本书当成一个击破谎言、维持真相的常规性工具，什么时候你想走出谎言，去开发一个崭新的自我，你都可以随手拿起这本书来翻阅一下，看似随机地翻一翻书页却能真正帮助你更加近距离地接触真实的自己。

## 你一直都在给自己心理暗示

让我们来说说心理暗示的问题吧！这里要说明的真相是：我们其实一直都在给自己心理暗示……无论我们有没有意识到这一点。不过实际情况是，我们经常在无意识中就给了自己很多消极的心理暗示。换句话说，我们经常沉溺于自我贬低的谎言之中。说到底，一种信仰或者理念其实就是你不断重复的一种想法。所以通览全书之后，我诚挚地邀请你来创建一个积极的心理暗示，并彻底改变你固有的思考模式。我敢答应你，如果你完成了这项任务，并且在每天的日常生活中不断强化这个新的心理暗示，你将最终成功地改变自己的思维方式。这样一来，你的生活也将发生改变！

## 准备好了吗

既然你已经成为我的新的女性朋友，那就请做好准备来听我讲故事吧。我的故事来自于我自己的生活经历，我的朋友们的生活经历，我的同事们的生活经历，还有我的客户们的生活经历（当然为了保护隐私，所有客户的身份特征和姓名都已经做了修改掩饰）。我从许多人身上学到了许多东西，相信你也喜欢从别人身上学习生活经验。能够遇到充满智慧的人们，用他们散发出的智慧之光照亮我们的人生之路，这是多么幸运啊！

不管你选择用什么方式来阅读本书，我都希望你能从中有所收获，希望本书能带给你一些灵感。我必须得承认一点：只有你才是掌控自己人生的专家。你是唯一一个可以把握生命之舟航行方向的舵手，也是唯一一个了解你的真实想法的人，因此，请你用这些话不断鼓励自己，唤醒自己心中积极的自我认同感，燃起充满智慧的生命之光吧！

现在，我们就开始启程去看看那些花样繁多的谎言……

# *Chapter 1*

# 第一章

谎言脉络之主脉：

关于自我价值的谎言

我把与你的自我价值相关的谎言称为“谎言脉络之主脉”是有依据的。因为这些谎言是构建你的生活模式的基础，由此而生出的种种消极的思想一次又一次地冲击着你的大脑，让你的日常生活变得痛苦不堪。这些导致你不断自我贬低的谎言看似体现着人生真谛，其实都是虚假信息，实际上它们不过是你生活中的小故事而已。

也许你会理性地意识到这些自我贬低的谎言都不是真实的，但是它们却一直顽强地不断地渗入你体内的每一个细胞中，钻进你的潜意识中，不断给你心中的小恶魔增添发威的动力。然后你就会突然感到像是有一阵批判的旋风猛烈冲击你的身心，最后的结果就是你被打击得一蹶不振。

我们在本章的主要任务就是揭穿你长期以来坚信不疑的弥天大谎，帮你撼动谎言大厦的根基。我希望你能大胆地冲击这个谎言主脉，然后再让我们努力把消极的谎言转化为积极的真相，让你的内心变成储存了大量真相的银行，以便激发出你内心积极的自我认同感，从银行里取出贵如黄金的积极的真相。这些崭新的积极的真相将会大大提升你对自我价值的认可度，让你变成一个热爱生活、积极乐观和健康向上的人。

现在，你可能会想：“艾米，你说的仅仅就是增强我的自信心，让我的人生多一些阳光吧？”不，绝对不是！你心中的智慧女神可不仅仅是帮助你激发出积极的自我认同感，让你明白自己是一个多么优秀能干的人（当然我们最爱她的时候正是她对我们发出种种赞扬声的时候）。我没有要求你像《周六夜生活》里描述的斯图尔特·斯莫利那样整天对着镜子自言自语："哎呀我的天，我是多么讨人喜欢啊！我当然是人见人爱的啦！"你需要做的是本着诚实的态度认识自我价值，即便一些真实的内心需求只是一瞬间的事（如"结束这种关系吧""亲爱的，把饼干放下吧""为了你的身体健康，现在该去锻炼身体了"），你也是出于积极的愿望而设置了这些提醒闹钟。要彻底走出谎言，迎接快乐新生活，你应当铭记以下几个要点。

- 相信自己可以做到。
- 相信自己是一个好人。
- 相信自己是一个可爱的人。
- 相信自己是一个合群的人。
- 相信周围的世界是充满友善的。
- 还有更多……

你的一切行动的原动力来自于对生活的热爱和无比的自信。是时候该好好清理清理那些自我贬低的谎言了，充分净化一下思想和灵魂，然后你就会发现事实上你是多么的优秀，你完全可以成就更美好的人生。我衷心希望你对自己不要太刻薄，不要跟自己较劲，要做真实的自我，做自己的好朋友，或者直接给自己一次重生的机会。

我在和来寻求生活指导的客户们进行交流时，很好奇他们在遇到挫折时会有什么样的表现，他们会对自己进行怎样的评价。请你花点时间回想一下上次遇到问题的情景，这个问题可大可小，可以是生活琐事如错过了末班地铁，也可以是重大事件如失去了一个心爱的人等。当时跑进你脑子里的消极想法是什么呢？是不是“我做得不够好”或者“我就是不讨人喜欢”？也许你会对自己说“我就是个残次品”或者“这世界就是爱跟我作对”。其实，你已经触碰到自我贬低的谎言之主脉了！

在本章中，一些具有挑战性的练习可以帮助你提升自我价值感，更加自爱，做出良好的自我评价，以强大的自尊心指导行动。如果你需要定期回过头来重复这些练习，你也不必感到奇怪，我们现在希望通过努力来改变自己秉承多年的腐朽生活理念，建立全新的核心价值观，所以不断巩固是很重要的。

让我们逐个研究分析这些占据主导地位的基础性谎言吧。看看哪个谎言是你最熟悉的，然后着手进行分析以便最终成功做出转变。准备好了吗？来吧，现在就开始行动吧！

# 谎言1号

我还差得很远。

或者表述为：

我不够好，我是个没有价值的人。

## 真　相

来自Oprah.com的一项在线问卷调查给答题者们提出了这样的问题："你的人生中都错过了些什么？"从花样繁多的答案中可以发现，大家普遍认为自己缺失了对自我的肯定与热爱，这个自我贬低的谎言使得大家都认为自己做得不够好，自己是没有价值的，而且成为一种流行的生活理念，就是大家都不懂得知足常乐，都不会认可自己。因此你一定要走出自我贬低的谎言，你是有价值的人，要下定决心向世人宣称你已经做得够好了。现在是时候痛改前非了，你要下决心做出巨大的改变，不要有所顾虑，大胆行动起来！你要不断强化这种新的思想，不断告诉自己"你做得很好”，直到这种自我肯定的思维方式真正成为你的习惯性思维，代替原来的消极自我评价。

我和克里斯汀·阿里洛共同开设了一个为期三天的调整课程，和21位非凡的女性朋友一起运用我们内心的智慧女神黄金光环（即充分激发内心积极的自我认同感）来努力突破传统的生活模式。她们是脆弱的，同时又有勇气打破心中那个“我还不够好”的谎言，拒绝该谎言对自己无休止的打击，敢于面对真相，这让我惊诧不已、赞叹不已。我们一起度过了美好的周末，让每一位女士都勇敢自信地站在了智慧女神的黄金光环中。我们让参与活动的女性朋友们都反复念叨并牢牢记住最重要的一句话：“你已经够好了。”现在我邀请你进入我们设计的虚拟圈中，你站在圆圈中央，想象一下你被一群散发着智慧光芒的女性包围着。她们都十分喜欢和欣赏你，想象一下我们大家都在对你说“你已经够好了。”让这些字眼儿不断冲击你的大脑，最后你将完成下面的挑战练习。

## 挑　战

下面的一系列问题和建议将帮助你牢记自己有多么优秀，让你更加喜欢自己。

- 你自身固有的价值是什么？请注意，这个问题并不是要问你做了什么才使得自己有价值，我们希望你能学会审视自我，弄清楚你在这个世界上存在的价值。请你把一切能够体现你自身固有价值的方面一一列举出来，写在纸上，然后把这张纸贴到你每天都可以看见的地方。提示一下，你自身固有的价值可以通过你积极的生活态度、迷人的微笑、对他人的尊重等体现出来，对了，你对子女的教养方式也能体现出你的优秀人格特质。

- 你可能在日常生活中经常出现丧失自我价值感的情况，这时你的自尊自爱似乎跑得无影无踪了。举个例子，是不是有一些人特别喜欢打击你的自信心，让你觉得自己毫无价值呢？（当你跟高中最要好的朋友见面以后，会不会觉得人家过得特别好，而你自己就是个彻头彻尾的失败者呢？当你跟一个情绪消极的工作搭档共进午餐以后，是不是倍感沮丧，觉得自己一文不值呢？）到底是什么原因让你开始讨厌自己、打击自己了呢？（每当你自我反省的时候，或者身体状况不佳的时候，你是不是就开始进入了“阴影”之中呢？）
- 你一定要百分之百地保证把那些对你的人生产生消极影响的人物和事件都一一找到，要清醒地认识到是什么原因导致了你持续不断地产生“我没用、我失败”的想法。要努力减少跟那些专门吸干你正能量的“吸血蝙蝠”一样的人物待在一起的时间——你知道这些人总是一副唉声叹气的模样，他们的消极情绪会传染给你，让你内心积极的能量无法迸发出来，让你无法散发出快乐上进的光芒。如果有可能的话，建议你干脆跟那帮整日消沉萎靡的家伙们统统断绝来往吧！

为什么人们总是觉得自己没有价值呢？究其原因基本上都可以追溯到孩提时代，人们对自我的消极态度几乎都跟童年的经历有关。一般在青春期以前的孩子们都会努力地证明自己有价值，需要更多的关爱。所以我们现在就以一种轻松开心的方式做做下面的游戏，我们的目的是驱除消极情感，增强自尊自爱，提高自我认同感，认可自身存在的价值。

- 你还记得上小学时贴在教室墙上的“小金星排行榜”吗？现在让我们也来制作一个“小金星排行榜”吧，以此来证明你可以把自己照顾得很好——这可以激发出你内心积极的自我认同感。这里有一个例子：我曾经有一位名叫丹妮尔的客户，她美丽又自信，而且还很独立。可是她一旦跟自己的姐妹们在一起时就会变成一个好战的小姑娘，仿佛一下子退回到了13岁的年纪。若在众多兄弟姐妹相互争宠、对她揶揄讥讽的时候她能表现得镇定自若（他们觉得这样很有趣，可是她却经常觉得这是一种批评与打击），那么每次她就会因为自己酷酷的表现而给自己颁发一颗小金星。
- 如果你能在非常具有挑战性的领域以及面对一些很有挑战性的人时还能维持自己强大的自信心，不会减少自尊自爱的情绪，那么你可以给自己颁发两颗小金星。丹妮尔会在大型家庭聚会时理性地提前离开，避免听到大家在觥筹交错间的胡吹海聊和愚蠢无趣的八卦谈资。每次她都会因此而给自己颁发两颗小金星。现在，也请你在每次成功回避了朋友对工作的抱怨或者斩钉截铁地拒绝了自己真的不想干的事情之后，给自己颁发小金星。要记住，我们这样做的目的是为了警醒自己，每当遇到那些会给自己带来消极影响、打击自己的事情或人物的时候，我们都要坚持自我，加强自信，不能有丝毫的动摇。

- 每当你取得了阶段性的胜利，那就等于走过了一个里程碑，你一定要犒劳一下自己。丹妮尔的做法是：当自己获得了十颗小金星时，就去海边的沙滩散步，享受海风吹拂的美妙感觉；当自己获得了二十颗小金星时，就去做一次放松性按摩或者到美甲沙龙做美甲；当自己获得了一百颗小金星时，就给自己放个假，出去度假！

**我敢断言**

世界上所有的小金星都无法完整地体现我真正的价值！

我们经常自己阻断了对自己的美好祝福，因为我们固执地认为自己天生就不是个成功者，觉得自己不够聪明、不够美丽，总是低估自己的存在价值……其实我们明明就是有价值的，因为我们真实地存在于这个世界上，我们就在这里，所以我们鲜活的生命力就足以说明我们的存在价值。我们身上闪耀着人性的光辉，不管我们是不是孤独的。

——奥普拉·温弗瑞

著名脱口秀主持人，靠自己奋斗成为亿万富翁

# 谎言2号

我完全就是个小混混。

或者表述为：

我是个滥竽充数的南郭先生。

## 真 相

你心中的小恶魔最喜欢在你想去拓展人生或者冒险的时候跳出来摇晃谎言的旗帜。每当你想摆脱安逸的现状，企图改变舒适的生活状态时，“谎言2号”就会粉墨登场了。就像你要玩儿一场更大规模的游戏一样，你对自己的认识也会在此过程中有所更新，你会产生一种脱胎换骨的感觉。

事实是“机会从来只会光顾有准备的人”，你的人生也是如此。想找一份新的工作吗？那你要先问问自己是否具备了找新工作的条件，你有资格吗？你接到参加女性领导力社团的邀请了吗？在这个团体中你会变得气场强大、活力十足。恭喜你，你一定能成为一名精力旺盛的女强人！

我曾经有一个名字叫作克里斯蒂的客户，她在刚搬进新家的时候被心中的小恶魔用诋毁的谎言欺骗了很久。克里斯蒂的新房子有原来的房子两倍大，她觉得这有点太夸张了，好像自己在向世人炫耀什么，这种感觉让她心生不快。在搬进新家最初的几个月里，她在家有时甚至会担心警察突然前来把她当成是这栋房子的冒牌主人给抓走。不过当她意识到这种不良感觉是内心深处那个爱说谎的小恶魔捣的鬼时，她就释然了，马上就转换成一种轻松的态度去看待新搬入的大房子，认为自己的新家是她和丈夫两个人共同努力创造的美好生活的一部分。

## 挑　战

下次你要是发现心中的小恶魔用谎言来影响你的心情，那么请尝试使用下面的方法。

- 问问自己：你的手里有没有握着什么新机会？（如一份新工作？一次大升职？一份图书交易？一份新的财产？）对于克里斯蒂来说，搬到大房子里就是她的人生当中的一次新机会。
- 你是怎样为自己创造这份新机会的呢？克里斯蒂和丈夫努力工作，凑足了新房子的首付款，并且很幸运地继承了一笔遗产，最终买下了这栋大房子，实现了创造美好家园的梦想。克里斯蒂回答完这个问题之后发现她最终也成功地为自己创造了人生的新机会。

- 你为自己创造这份新机会的三个首要理由是什么？对于克里斯蒂来说，她的答案是：第一，他们家需要更大的空间，因为他们的家庭成员越来越多，她和丈夫两个人都有工作；第二，他们十分感激克里斯蒂的继母养育了她，花掉一部分继母的遗产来买下这个梦想中的家园也是为了表达对继母的一种敬重和感恩；第三，拥有一处美丽宽敞的住所是她与生俱来的权利，这毋庸置疑。
- 关于这份新的人生机会，你心中的智慧女神是怎样揭示其真相的呢？克里斯蒂心中的智慧女神深知她的这栋新房子承载着她与丈夫的爱情，标志着他们的成功，寄托着他们的梦想与快乐。他们几乎每一天都会感谢这个新家给自己的人生带来了阳光与温暖。

现在，关于你是个冒牌货的谎言已经不攻自破了，你已经证明了自己不是一个滥竽充数的南郭先生，我知道你一定会发现关于如何缔造崭新人生的真相，你身上的智慧之光一定会散发出更加耀眼的光芒！

### 我敢断言

我会非常开心地接受生活赐予我的礼物，我会把握好人生的新机会。我认为自己值得拥有现在所拥有的一切，因为这都是通过我的努力奋斗而得来的，生活是绝不会让我不劳而获的。（小提示：在你自信满满地回答前面第4个问题时，要敢于让你心中的智慧女神告诉你生活的真谛，这是最重要的！）

你就是一个充满吸引力的生命体。

——布赖恩·特蕾西

某国际化大企业董事长和首席执行官，以她的名字命名的布赖恩·特蕾西跨国公司为人们和各种组织团体提供个性化的培训项目与发展规划

# 谎言3号

我就是不讨人喜欢。

## 真　相

现在请你想象一下我们两个正面对面地站着。请让我跟你共同分享这一时刻——让我跟一个真实的你待在一起。请听我说。我们都是讨人喜欢的人。我们都值得被人爱。你是十分可爱的。不管你做了什么，不管你犯了什么错误，你依然很可爱，这个世界上一直就有一块专门属于你的爱的空间，它一直都在等你进入。步入爱的空间的第一个台阶就是你要证明自己是讨人喜欢的，你分明具有可爱的特征，你完全有能力拥抱可爱的自己。

库珀是一个幽默的作家，同时还是一个不错的素食烹饪家。

不过她心中的小恶魔总是很粗暴地对她说一些刻薄的谎言（说她不可爱），我们给她心中的小恶魔起了个“冷漠无情女魔头”的绰号。她的形象是一只手端着马提尼酒杯，另一只手夹着雪茄。她经常在背后对库珀说：“你一点也不讨人喜欢，一点也不可爱！难道有谁曾经爱过你吗？你从来就没有被人爱过，可怜的家伙！”

在我们勾勒出了库珀心中那个“冷漠无情女魔头”的形象以后，她突然间有了一种醍醐灌顶的感觉。她开始意识到自己心中的小恶魔之所以会对她说这些有关她不可爱的谎言，就是为了让她安于现状，让脆弱的她不再受到任何伤害与打击。换句话说，为了让她不受伤害而付出的代价就是让她相信自己是个不可爱的人。可是这个代价也太大啦！在“冷漠无情女魔头”的指使下，库珀身边一直不乏那些对她态度恶劣的异性，她似乎总是把那些看不上她的男人吸引过来以证明她就是个不值得爱的女人。但是库珀真的需要爱，需要接受别人的真爱，而且她想彻彻底底地打倒原来那个“不值得爱”的自我。她开始学会自尊自爱，她的生活因此而发生了翻天覆地的变化。这种变化不仅体现在她变得更加快乐了，而且她在一年的时间内就结束了和精神伴侣若即若离的关系。（他们二人是在农产品市场买春萝卜的时候相识的——我想你永远不知道什么时候会遇到真爱，爱情就是这样罗曼蒂克，对吗？）现在他们已经走进了幸福婚姻的殿堂。

## 挑　战

请你找一个安静的地方坐下来，跟着下面的指示来做。

- 先进行十次深呼吸。让空气充满你的腹部，然后是肺部。每次吸气的时候要数数，要注意感受你的呼吸是怎样慢下来的，体会仅仅是安静地坐着就会有如此美好的感觉。
- 现在想象一下对面还坐着一个你，你正在盯着你自己的眼睛。
- 深深地凝视你的眼睛，就这样简单地看着自己。
- 看看你是多么漂亮，看看你是多么善良，看看你是怎样成为了现在的你。
- 现在看看你有什么特别失望的事儿吧，再看看你有什么梦想已经变成了现实，思考一下你是怎样让梦想变成现实的，有哪些成功的原因。
- 想象一下你是自己最好的朋友，静静地思考一会儿。你想对自己最亲爱的朋友说点什么？
- 真心接受最亲爱的朋友（就是你自己）对自己的评价。
- 结束有关“我爱你，你是如此可爱”的讨论。
- 注意体会当你说着跟爱有关的词汇时你身体里的感觉。要意识到这就是一份美好友谊的开端，一个相伴终生的挚友将会禁得起时间的考验。

祝贺你！你已经叩响了心中的智慧之门，你内心深处的智慧女神会无条件地爱着你，她深深懂得你是多么可爱。

你可以在未来的三四十年里坚持每天都拿出点时间重复做前面的冥想。我敢保证你全身的细胞都会发生转变，你会逐渐意识到自己是多么讨人喜欢，你明明就是一个人见人爱的家伙嘛！

### 我敢断言

每一个人都是可爱的，尤其是我。

你，就是你自己，跟整个浩瀚宇宙中的任何一个人一样，都应该自尊自爱。

——布德

精神导师

# 谎言4号

我应该了解得更多才是。

或者表述为：

事情原本不该这样的，我可以做得更好。

## 真　相

如果你了解得更多，你就会做得更好。我们经常会想象自己的生活还会有另外一种不同的状态，想象自己可以做到完美无缺，这个带有虚幻色彩的“完美的自己”无论做什么事情都比“真实的自己”要成功。每次做“比比看”的游戏，那结果肯定是“完美的自己”让“真实的自己”输得一败涂地。事实上，我们只有一个真实的自我，无论在何处都在尽全力表现得最好。让我们把“我原本应该……”这样的语句从人生的词典中删除吧，而且再也不要跟“完美的自己”做“比比看”的游戏了。

莎伦就是一个一直不停地做“比比看”游戏的人。她正忙于写学位论文，可是她却总是要拿真实的自己跟那个“完美的自己”做比较，认为自己的学位论文应该达到最高水平。其实一旦我们看清了“比比看”游戏的真实嘴脸，我们就会忍不住捧腹大笑，笑我们自己是多么愚蠢。于是莎伦停止了对“看不见的至高标准”的追求，她觉得浑身轻松。最后，她在提交论文的截止日期之前顺利完成了自己的学位论文，而且发自肺腑地为自己感到骄傲。

## 挑 战

你要知道自己在什么时候会跟那个“完美的自己”做“比比看”的游戏。

- 先给自己列个表，把一切“我原本应该”的事情都写下来。
- 看看这些“我原本应该”的事情是怎样阻碍你走向成功的。
- 感受一下把你列表上的东西统统清除以后的轻松惬意。
- 然后你需要正视每天真实的生活，以宽容的态度对待并不完美的“真实的自己”。
- 最后你就可以把列表上“我原本应该”的事情都改为“我能够做到”的事情，看看你自己能如何走进成功的天地。例如，把“我原本应该每周去三天健身房”改为“我能够做到每周去三天健身房”；把“我原本应该把车库清理干净”改为“我能够把车库清理干净”；把“我原本应该收支平衡”改为“我能够做到收支平衡”。

### 我敢断言

我能够做到最好。

每一件事都是美好的。

——欧内斯特·霍姆斯

美国作家，精神导师，精神科学的创始人

# 谎言5号

我不够合格。

或者表述为：

我应该比别人做得更好。

## 真　相

这就跟在拉斯维加斯赌博一样，如果你要玩“比比看”的游戏，那么你将会一直输下去——每次你都会输得一败涂地。当你在“获胜队伍”中时（例如，你感觉自己做得很好，看起来很好，取得的成就也不错），那么你会被贴上“自大狂妄”的标签，会与大家产生隔阂，无端地生出了人际关系上的距离感。而当你在“失败队伍”中时（例如，别人都做得比你好，看起来也比你好，取得的成就也比你大得多），你会觉得自己很无能，情绪一落千丈。你说谁会愿意这样呢？

我的好朋友萨曼塔·班尼特，是一家艺术公司的创始人，她曾经对我说过：“我的人生就像是一家灯光绚丽的舞厅，我一直将目光锁定在脚底板的灰尘上。而且我还会转身向着别人的舞厅去张望，用自己脚底板的灰尘去和别人舞厅的绚丽灯光做比较。这怎么能比得了呢！我在这种方式的比较中必然是个失败者啊。”是的，她说的一点也没有错！

我们永远也不会知道其他人的人生到底会走向什么样的未来，我们只能知晓自己真实的人生是什么样的。因此，请不要再玩“比比看”的游戏了，还是赶紧步入属于你自己的华丽舞厅去展现你曼妙的舞姿吧！

## 挑　战

放弃“比比看”游戏，庆祝自己拥有美丽的人生歌舞厅吧！

- 关注一下自己通常是在什么情况下喜欢玩“比比看”的游戏。换句话说，就是看看自己在什么时候喜欢把目光聚焦在脚底板的灰尘上。是在你考虑赚钱的问题时吗？是在你担忧体重或体型时吗？是在为爱情劳神时吗？是在为工作焦虑时吗？
- 下定决心戒掉“比比看”的游戏，绝不能沉溺其中。我在调适自卑心理的教养院里有个搭档，名字叫作克里斯汀·阿里洛，她喜欢把戒掉“比比看”游戏的过程比喻成执行一个“比比看”游戏的减肥食谱。这就像是将原来不健康的饮食习惯转变为健康的饮食习惯，要求你必须严格执行“比比看”游戏的减肥食谱，绝不可以再生出想玩“比比看”游戏的念头。

- 笼络一些朋友作为“亲友团”来支持你戒掉“比比看”游戏，他们要保证让你坐在平稳的人生“四轮马车”上前行，要不断鼓励你关注自己眼前所拥有的东西，珍惜属于你自己的华丽舞厅。在你觉得自己又要偏离健康的生活轨道，即将再一次陷入“比比看”游戏的泥潭中时，请赶紧召唤你的亲友团来帮助你吧！
- 你要对人生中的每一个华丽的舞厅怀有感激之情，要懂得珍惜。请记住：世上有无数的人已经成功地戒掉了不良习惯，请以他们为榜样，坚决地从“比比看”游戏的泥潭中抽身出来。

**我敢断言**

我可以把目光从脚底板的灰尘上转移到我的整个美丽人生，我可以充分体会丰富多彩的人生，再也不用跟别人比来比去了。

玫瑰之所以美丽就是因为它是玫瑰。百合之所以美丽就是因为它是百合。看！你就是那个最棒的你！

——鲁米

13世纪波斯诗人

# 谎言6号

要不是有我，根本就什么也干不成。

或者表述为：

我一再地付出一再地牺牲，却没有人在乎。

## 真 相

这条谎言听上去很耳熟吧？其实我也不想严肃地告诉你：你的表现就像是一个悲惨的烈士。当然你可以选择做一名烈士。我已经做好准备让我的名字永垂不朽了——毕竟我是一名唤醒心灵的导师。如果你一直觉得自己是一个富有牺牲精神的烈士，那么你一定也有能力停止再做出牺牲。我要跟你阐明一个美好的真相，如果你坚持走牺牲的路线，那么下面两件事情至少有一件符合你的情况。

- 你想引起别人的注意，还想抱怨点什么，在这种情况下我们建议你最好别再期望得到消极型注意，否则你会一直痛不欲生的。我敢打赌，30天以后你会发现自己没什么可抱怨的了，你已经变成了一个拥有卓越创造力的问题解决者。

- 你可能真的喜欢奉献，富有敢于牺牲的精神，并且一直就以烈士的姿态面对人生，不过我建议你先减少一点奉献的劲头，把自己照顾得好一点。你肯定敢跟大家打赌，你能在对别人伸出援手之前先让自己走向成功之巅，充分展现你的优势。真的，你是时候该露一手了！

## 挑　战

想象一下你的人生就像是一个巨大的衣柜，里面挂满了各种不同款式的衣物，代表着你不同的生活态度。在这个大衣柜里有代表着能量的衣物，有代表着快乐的衣物，还有代表着牺牲精神的衣物……先穿上代表牺牲精神的外衣吧，感觉怎样？是不是觉得自己就要壮烈牺牲了？你觉得自己适合穿这种外衣吗？你穿着舒服吗？能跟你经常穿的那件晚礼服媲美吗？是不是觉得这件外衣有点陌生呢？请说出你最真实的感受。如果你一直穿着代表牺牲精神的外衣，你会为此付出多少代价呢？抑或是你能因此而有所收益吗？你还是下定决心把这种外衣锁在大衣柜里不要穿出来了吧，或者你干脆现在就授予它终身荣誉奖如何？请试穿一下其他款式和型号的外衣吧！

## 我敢断言

我是充满能量的，但是我首先选择要照顾好自己！

我可以主宰自己的命运。我是自己灵魂的主人。

——威廉姆·欧内斯特·亨里

来自“打不倒的勇者”，英国诗人，批评家，编辑

# 谎言7号

我经常感到羞愧。

## 真 相

世上有两种类型的羞愧。一种羞愧来自于你犯下的错误；还有一种羞愧来自于那些已经发生了却不在你掌控之中的事情。但是对你最大的威胁却是当你感到羞愧时你会把注意力集中在过去发生的事情上——那些曾经让你难堪的错误与尴尬时刻。

如果你是为自己的错误行为或者生活方式感到羞愧的话，那么我建议你勇敢正视错误，不管这些错误有多么可怕，你都要把它们看成是可以让自己得到成长与进步的机会，要从错误当中吸取教训，学到有价值的东西。不要只想着错误带给你的痛苦与难堪，不要让错误阻碍希望之火燃烧，不要让错误扰乱人生的课堂，不要让错误阻碍你的进步。所以，请下定决心原谅自己的错误！

如果你的羞愧是来自于那些已经发生了却不在你掌控之中的事情，那么请你参考一下音乐人格瑞格的故事吧，他是我的一位长期客户，一直以来他都在为自己童年时代的受虐经历而倍感羞愧与难过。其实从理性的角度来说，他自己也深知这种羞愧完全没有必要。毕竟他只是在孩提时代受到了虐待而已，而不需要在成人以后还承担与此相关的不良后果。他曾经在一位优秀的临床医师那里做了多年的治疗，以抚平这个严重的心理创伤，而且的确有所改善。（我相信你已经安然无恙了，不会再深陷于痛苦的回忆中。而且我也相信你会从一个支持你的团体中寻找到有效的说明，如果需要的话你还可以得到专业的治疗。不要因为自尊心作祟或者害怕胆怯而拒绝接受帮助，好吗？）随着我对格瑞格了解的进一步深入，我发现他的羞愧感主要是因为他缺少帮助与支持，在他孩提时代受到虐待时就是如此。他感到羞愧和懊恼，因为他没有鼓起勇气不顾坏人的威胁而把自己的受虐遭遇告诉能帮助他的成年人。说起来还真是有点荒谬可笑，他内心的谎言冲击了他的思想，让他在一定程度上相信了一个孩子也能拥有战胜一个成人的力量——这难道不是一个巨大的谎言吗？我开始试着帮助格瑞格卸下身上背负的羞愧感，建议他以温和友善的态度对待自己，把自己看成是最好的朋友或者可爱的孩子。他开始用一种崭新的目光审视自己，又充满了新的人生激情，逐渐对自己宽容起来，懂得自己不必为过去的受虐经历承担责任。这就像《心灵捕手》这部电影里的情节一样，由罗宾·威廉姆斯饰演的临床医生对由马特·达蒙饰演的患者一遍又一遍地重复说“这不是你的错”，直到马特·达蒙的眼泪夺眶而出，彻底卸除了从童年时代就一直背负着的羞愧感。

你应当着眼于当下的生活，激发生活的热情，从现在开始我们要彻底消除你的羞愧感。

## 挑　战

先来问问自己下面这些问题吧。

1. 是什么让我感到羞愧？要实事求是地回答。看看你是否正在为自己曾经做过的事情或者你现在的状态而感到羞愧，看看你是否由于为别人的错误行为承担责任而感到羞愧。如果你属于后一种情况，那么你应该向前面提到的格瑞格一样努力卸下心理包袱，逐渐消除羞愧感，不管有多么困难，你都不应该因为自己缺乏支持而感到羞愧。
2. 面对整日羞愧不已的情况你心中的小恶魔都对你说了些什么？找出那些令你感到痛苦与羞愧的词语，不要让它们把你带入黑暗角落，要用阳光话语把你引向光明大道。
3. 闭上眼睛，深呼吸，扪心自问：“我心中的智慧女神说了些什么？”

4. 把你心中的智慧女神说出来的真相都写下来，按照智慧女神的指示大声说出真相并有所行动。
5. 问问自己：“如果我的某个好朋友正处于痛苦和羞愧中，我应该怎么安慰他（她）呢？”想一想有哪些合适的鼓励性话语。
6. 现在根据你对上面几个问题的回答，就像对朋友一样对自己说出下面充满鼓励的话：“哎呀，每个人都会犯错误的！吃一堑长一智，你会因为犯了错误而变得更加聪明——这可是件好事！”“你是个好人，只是偶尔会把事情搞砸。不过你是不是从中吸取了什么教训呢？”“我已经下定决心不再为别人的错误行为承担责任，不再为此而痛苦，我要让我的心病得以痊愈。”
7. 最后，请你按照程序卸下心理负担吧。填补下列句子中的空格部分，补充完整以后再大声朗读句子。请你伸出胳膊，展开臂膀，这可以让你的腰杆变硬，生出一种强大的气场，让别人折服。也许你会冒出点燃蜡烛的想法或者去一个你一直特别想去的地方（如美丽的沙滩、大教堂、适合徒步旅行的小道）。一切积极的充满正能量的想法都可以在这里体现出来。要让你心中的智慧女神点头称是：“好吧，就这样，顺其自然就好。”

A. 你要对自己说：“我现在要消除因为＿＿＿＿＿＿＿＿（写下导致你产生羞愧感的经历，只需要写大致的故事名称，不要进一步提供故事的细节）而产生的羞愧感。我要用一切能量来降服我的羞愧感。我已经做好准备从这些让我产生羞愧感的经历中吸取经验教训，我相信自己能越来越好。我学会了对自己和________________（再列举一些其他需要宽容的人）宽容一些。我知道______________（在这里填上你在第6条学会的鼓励性话语）。一切都会好起来的，顺其自然吧。”

**我敢断言**

你可以每天都重复第5条和第6条，一直坚持30天。

理解了，领悟了，就懂得放手了，学会宽容了，就是对自己也是如此。

——亚历山大·蔡斯

美国记者

# 谎言8号

*我就是个残次品。*

## 真 相

首先，我得大叫一声：“哎呀!”每当我听到有人说这种谎言的时候，我的眼睛就像被撕扯了一样刺痛。我因此而想到了那些被堆积在服装店角落里的残次品，这些衣物就是因为一点小小的裂痕或破洞就要以五折的价格清仓大处理了。可是你，我亲爱的朋友，你根本不是个残次品，你显然不应该被归入那堆降价产品中。你内心深处的智慧之光正等待时机迸发出耀眼的光芒。

在这里我要说的全是事实：你可以自己选择一部分记忆碎片将其抛弃，任何时候都可以。你完全有能力揭开自己的伤疤，接受曾经的痛苦带给自己的人生“礼物”，同时忽视其他无关紧要的经历。无论何时，你都可以给自己创设一个全新的开始。当你站在新的起跑线上时，你会发现自己将会展开一段全新的人生旅程。崭新的人际关系、崭新的生存环境、崭新的生活，这是多么值得你向往并为之奋斗的美好景象啊！

## 挑　战

如果你已经沉溺于把自己看成是残次品的谎言中，那么现在是时候重新定义你的自我意识了，要纠正你对待自己的态度。到底是什么样的过去导致了你非要把自己看成是个残次品呢？（设计下面这些练习的目的就是要挖掘深层次的原因，由此来解释为何你会相信自己是个残次品的谎言。如果你曾经有某个特别的记忆对你的触动非常深刻，刺激相当大，那么你最好去找专业的精神科大夫来提供支持与帮助。）下面请开始做练习吧。

- 首先，闭上眼睛，好好想一想“我是个残次品”这句谎言，感受一下你身体的哪个部分对此有反应。你有没有觉得好像有一团东西堵在了喉咙里？或者你有没有觉得手心在发热呢？
- 然后请深吸一口气，仿佛给身体中对谎言有反应的部分注入了新鲜的空气，你心底的记忆是否浮现出来了呢？你回到了什么年代？你是否感觉到自己似乎变成了一个16岁的调皮少年呢？

- 对于曾经发生的诸多事件，你有多大的能力可以消除它们对你的影响呢？举个例子来说，如果你受到了三年级的体操老师的严厉斥责，并且感到身心备受摧残，那么你能有多大的能耐可以阻止成年人对你进行呵斥与嘲弄？（猜猜看——根本没有一个孩子可以抵挡得住来自成年人的侵犯，尤其是一个充满权威的成年人，他一般是负责照料孩子饮食起居的监护人。）
- 你现在有多大能力可以用来消除过去的经历带给你的消极影响？提示一下：这可是你全部行动力的动力源泉——你可以借此来自主决定自己生活的走向。
- 现在你能不能选出三个有助于激发你生活能量的人生经历呢？例如，你参加了一次跑步比赛？你在你的工作团队中鹤立鸡群，个子最高，最具自信，而且还能表达自己的见解？你生下了一个可爱的宝宝？
- 如果你可以跟过去的自己进行对话，面对过去的痛苦经历，你会对过去的自己说些什么？请你给过去的自己写一封信（也许是写给8岁的你，或者写给20岁的你）来表达你的感受吧。
- 现在你可以给自己做出承诺，让自己更好地面对当下的生活，每周或者每月都选出一天作为跟自己“约会”的“约会日”。是的，你现在可以跟光鲜照人的崭新的自己进行约会了！也许你会在与自己约会的夜晚去看场电影，或者到一家咖啡店写写日记，或者洗个热水澡。选择怎样的方式跟自己约会当然是由你自己来决定的。现在你已经了解自己了，可以想出不少好点子了，对吧？

### 我敢断言

我是一个健全的个体。我十分可爱。我充满了力量。

每个人都是残次品。每个人都有缺陷和不足，是吗？

——保罗·阔灵顿

加拿大剧作家，小说家，电影导演

# 谎言9号

我没有归属感。

或者表述为：

我跟周围的人格格不入。我与众不同。

我特立独行。

## 真　相

这个谎言的确很常见，而且的确让人很痛苦。这种痛苦的感觉就像是你的鼻子被架在上面的眼镜压迫着，就像你一直游离在聚会之外从未真正参与进去。

不过这个谎言也十分不可靠，它对你而言是利弊参半，你也会因此而有大的改观。说到底我还是希望你能成为独一无二的人，你就是与众不同的，你是世界上唯一的存在，我希望你能做一个特别的自己。可是我不希望你因此而变得孤独，不希望你太一意孤行而偏离了大众的主流价值观。我希望你能感受到自己是讨人喜欢的，能获得同伴们的支持，有强烈的归属感。

雷切尔的心中曾经有个小恶魔喜欢不断地打击她，让她变成一个没有归属感的人。在她上中学的时候就有一帮女生组成了小团体，经常跑出去快乐地玩耍，可是她却不在其中，总是缺乏安全感，而且倍感孤独。事实上，就算是一个很受欢迎的女孩，也会有缺乏安全感和自我怀疑的时候，也会有想融入集体的强烈愿望。亲爱的朋友们，我们在青春期的时候谁没有过这样的困惑与苦恼呢？

雷切尔成年以后，发现自己已经不再希望获得归属感了，因为她干脆直接放弃了要融入集体的想法，这比她努力摆脱现有的状况去冒险创建一种新的人际关系状态更为艰辛和痛苦。这个谎言最卑鄙、可恨的地方就在这里，它让人放弃了改变现状的想法。因为你放弃改变自己去融入团体的想法，更容易给自己穿上自我保护的外衣。这样看上去是保护了你自己，而实际上你却常常感到郁闷难过，挥之不去的孤独感总是陪伴在你左右。现在是时候该走出谎言了！

## 挑　战

作为你的指导教练，我非常想了解应该从何处入手来帮你走出谎言，请你回答下面的问题，以便我们找出突破口。

- 你是怎样为自己独一无二的特性而沾沾自喜的？
- 把自己看成是一个与众不同的特别的人和感觉缺少归属

感之间有什么联系？

- 你是怎样让自己变得孤立的呢？你是怎样让自己变得缺少归属感的呢？你得为自己负责，决不能推卸责任。
- 在你独一无二的优秀表现和孤独感之间画一条关联线，你能找到二者之间的这条关联线吗？
- 你想怎样融入团体中呢？有什么人可以支持你？你创建了什么样的团体可以让自己在其中百分百地展现自我？
- 我希望你能在 48小时之内收集到足够的证据来证明你是怎样建立归属感的。记录下来你在团体中的自我感受，注意把别人对你的邀请以及表示欢迎的微笑都记下来。
- 如果你认为自己没有一个可以融入其中的团体，那么我敢打赌你肯定可以立刻开始筹建一个新团体，因为你本就是个领导者。所以，请你去领导并创建自己的交际圈吧。你的支持者正等着看你的行动呢！

**我敢断言**

我是属于我自己的。我是受欢迎的。我为自己而感到骄傲。

越是重要的人物越是随性大方，而患得患失的人往往都不成大器。

——伯纳德·巴鲁克

美国金融家，政治家

# 谎言10号

我很无能。

或者表述为：

整个世界都跟我作对。

## 真　相

我们都是很有能力的人——我们的能力强大到可以选择降低我们的自信心。有时候我们选择做一个受害者更加容易，因为作为受害者反而不必为发生在自己身上的事情承担任何责任。然后你就以为可以高枕无忧了？其实作为受害者只能跟痛苦相伴了。（一个世人皆知的事实是，痛苦总是喜欢找人做伴，它很容易就盯住你不放。）扮演受害者的角色一点也不轻松：你会觉得烦闷沮丧，感觉自己的人生毫无意义可言。

从相反的方面说，你若能充分发挥自己的能力，那么你会勇于承担责任，体会其中的乐趣。做自己生活之舟的领航人会让你在一开始还有点担忧和恐慌，但是你会成为自己命运的真正主宰者。你会感受到真正的自由感。你可以充分发挥自己的创造力，不断取得人生的进步。

## 挑 战

不要再把自己的精力花在扮演受害者的角色上了，请先回答下面的问题。

- 你有多大的能力可以控制好自己的情绪状态？仔细看看下面的文字。我们变成受害者的部分原因来自情绪，而情绪都来自于思考，因此当你把注意力放在思考这件事情上时，你更容易掌控好自己。这就是我为什么要鼓励你激发出内心深处的智慧之光，让你心中的智慧女神说出真相，打败心中那个常常说谎的小恶魔。通过更复杂的思考，你可以播下积极思维的种子——你会用更加积极的方式来思考问题，用乐观的态度面对一切，这种感觉好极了！
- 不管是谁，不管是什么事情，只要对你造成了伤害，你会说“不”吗？你说“不”的频率有多高？作为一名成年人，我们几乎在任何情况下都可以有所选择——只要我们愿意。你可以选择辞职；你可以选择放弃一段没有价值的友情；你甚至可以更改自己的决定，跟自己重新谈判一次，这样你会觉得自己更加充满正能量！

- 当你觉得自己很脆弱时会下意识地把自己放在受害者的位置上吗？你做出这种反应不是把自己送入了舒适区域，而是让自己感到很难受，而且觉得备受折磨。我特别憎恶这种把自己置于难受境地的习惯性做法。请你审视一下自己，是否也会用这种方式对自己的脆弱做出受害者的反应。
- 在你的生活中，你会在何时何地发现自己是有能力的？注意体会一下在觉得自己有能力时你的身体会有什么感觉。你觉得自己变得更高大了吗？你觉得自己走起路来有什么变化吗？只有找出那些能让你觉得自己很强大的因素来，才能在你需要的时候（如在与人交往时或者处境不利时）派上用场，激发自己的强大能量。例如，你可以在参加工作会议时穿上一身让你自信满满的套装，拿一把老板椅，坐在高处等，以便展现出你的强大气场。看看效果怎么样吧！
- 只需要一个星期的努力，用一些全新的观点指导自己的行动，你就会发现自己已经变得更加自信强大了，如“我能做到”“女超人”“蓄势待发”以及“生活无须太较真”等观点。
- 选择一种观点来指导你的生活，坚持一个星期，然后看看你的生活有什么变化。

## 我敢断言

你可以根据自己新创建的生活理念来对自己做个评价。这个评价也许是“我是个胜利者！”或者是“我是个女超人，听听我的咆哮声吧！”——不管你有什么样的感受，那都是令人兴奋和充满力量的！

我可不是妄想狂，我一直站在妄想狂的对立面。我把每一个人都看成是让我充分享受自信安宁生活的支持者。

——斯坦·戴尔

人类认识研究所的创始人，国际电台主持人

# 谎言11号

对我来说一切都太晚了。

## 真 相

时不我待，没有比当下的时光更宝贵的了。“一切都太晚了”这句谎话的表现形式真的并不重要。也许你内心身处的小恶魔总是喋喋不休地跟你念叨工作问题，让你认为“对我来说现在要换工作太迟了”；或者跟你絮叨爱情问题，让你认为“对我来说现在要找寻真爱来不及了”；或者跟你谈到学习新东西的问题，让你认为“对我来说现在学习新东西就像教一条老狗学新把戏一样”。可是在我看来，既然你现在还是个大活人，还有时间阅读本书，那么你就依然有时间去做自己想做的事情！

在这儿给大家说一个真实的例子，绝对鼓舞人心。这是乔治·道森的故事，他在奥普拉·温弗瑞脱口秀节目中向世人展示了他“永远不会太迟”的人生信条。在他98岁生日的时候，乔治决定结束自己的文盲生涯，他开始在家里学习识字阅读。在他100岁生日那天，乔治先生已经可以阅读生日贺卡上的文字了，这是他人生中第一次成功的阅读。这个故事是否可以为“永远不会太迟”的生活理念做个有力的证明呢？

## 挑　战

根据下面的提示步骤来思考与“一切都太晚了”的谎言有关的问题吧。

- 首先，搞清楚自己是在什么情况下用“一切都太晚了”的谎言作为借口。你相信要获取大学学历已经太晚了吗？你觉得要学习绘画已经太晚了吗？你认为要瘦身塑形已经太晚了吗？
- 搞清楚这句“一切都太晚了”的谎言剥夺了你什么东西。是剥夺了你追求真爱的权利吗？是剥夺了你寻求新工作的路径吗？是剥夺了你大显身手的机会吗？你已经在浑浑噩噩中否定了自己，那么你到底真正想要什么呢？
- 如果你开始大胆尝试，有可能发生的最坏的情况是什么？就让你心中的小恶魔给你透露最坏的剧情吧。她是不是认为你会伤心溃败？你会考试不及格并且因此而退学？你写的电影剧本一直都没有卖出去？

- 搞清楚你内心的小恶魔是如何保护你的。她认为你只要不去尝试，你就不会受到伤害。她经常给你念叨的咒语就是让你认可“我可以保护自己不会受到失败的打击，不会承受痛苦，只要我不去尝试”。而事实是你归根到底还是承受了痛苦，因为你一直在受到这个谎言的折磨。不管你承认不承认，你追求梦想的欲望是客观存在的，你会因此而陷入烦恼与苦闷中。
- 现在来想象一下积极乐观的画面吧。如果你开始大胆尝试，有可能发生的最好的情况是什么？你可能实现了最辉煌灿烂的梦想，你会获得学位，就像赚了一百万美元。你会找到人生的真爱并且从此过上幸福的生活，你会成功卖掉自己的一幅值得他人收藏的画作。
- 寻找一些积极付诸行动的人们的案例，即使他们做的事情确实有点“为时过晚”。你将会找到像乔治·道森一样激人奋进的人物！我的客户詹妮弗就收集到了一个很有激励作用的故事，是有关一个女性在83岁时开始学绘画的故事。还有我的好朋友朱迪的母亲，她在67岁的时候找到了人生的真爱，这是多么令人振奋的故事啊！
- 审视一下自己，要相信你可以应付最坏的情况和最好的情况，二者都在你的掌控之中。然后你就可以冒险了，带着一丝对于未知的恐惧，行动起来！

### 我敢断言

我已经含苞待放，准备让人生之花盛开啦！

把你的冒险精神紧紧地包裹在花蕾里面比直接令其怒放更加痛苦。

——阿娜伊斯·宁

美国作家

# 谎言12号

如果我要能得到＿＿＿＿＿＿＿＿＿＿，我会很幸福。

或者表述为：

如果我要是＿＿＿＿＿＿＿＿＿＿＿＿，我会很幸福。

## 真 相

这句谎言在当代社会中相当流行和普遍。我们的幸福感跟我们所处的环境完全是两个独立的问题——实际上我们必须要学会把幸福感从周围的环境中剥离出来。不然的话，你会一直追着那根捆绑在棍子上的“幸福胡萝卜”跑，却很难抓住它。一旦你实现了自己追求的目标，像买了新车或新房子，登上了更高一级的人生台阶，或者减肥事业获得成功等，你会继续为了自己下一个目标而努力，又会开始追逐你的下一个“幸福胡萝卜”。

回过头看一下你已经得到的东西吧。你原以为得到的每一样东西都是灵丹妙药，可以让你就此满足，但实际上并非如此，对吗？一直处于追求这个追求那个的过程就是人们的生存过程，追求“幸福胡萝卜”就是每个人的人生的一部分。一旦我们实现了一个愿望，得到了一个想要的东西，那么我们就会马不停蹄地再去追求下一个目标。来自于匹兹堡的PNC财富顾问公司提供的研究案例显示，超过三分之一的百万富翁在接受调查访问时说，他们一直为挣不到足够多的钱而感到担忧，如果能让自己的财富翻番的话他们会更有安全感。一个拥有两百万美元资产的人会觉得拥有四百万美元更具安全感，一个拥有四百万美元的人又会宣称若是能拥有八百万美元将会感到更踏实、更幸福，有位女士已经坐拥十亿美元资产了，可是她还是觉得拥有二十亿美元才能满足……那到底什么时候才是个头啊？这真是永无止境啊！现在我们来讨论一下自己的快乐与幸福是什么。我们应该充分享受人生旅途的每一个阶段，从一个目标奔向另一个目标，脚踏实地，不要有太多附加的幻想，这样才能使快乐和幸福永远相随。

## 挑 战

把你认为自己的生命中值得欣赏和感激的东西做一个列表。然后再把你所有的目标都列出来：短期目标、长期目标、有具体细节的目标（如“我要把体重减到155磅”）和没有具体细节的目标（如“我想充满活力，身体健康”）。选择一样值得欣赏的东西和一个目标，自己每天都密切关注它，对今天的生活心存感激，用欣赏的目光看待下一步要实现的目标，这有利于你用一份感恩的心态去面对接下来要发生的一切，你会体验到通过努力实现自己的目标是多么幸福快乐。

玛吉按照上述建议开始行动了，她在追求目标的过程中对自己的缺点与不足也持包容态度。其实对自己缺乏自信也是很平常的事情。过去，不管玛吉想要实现什么目标，她总是立刻感到自己有这样那样的不足，然后就会变得十分沮丧。她的错误想法导致她追求梦想并享受其中快乐的动力不够强大，让自己变成了一个平庸无能的人，生活状态十分消沉。现在她接受了自我挑战，开始以积极参与的态度去追求自己的目标，对自己已经获得的东西更加珍惜，更懂得心怀感激。她开始充满斗志，为了人生的一个个目标而努力，并且开始享受奋斗带来的快乐。当然，她也获得了更多自己想要的东西！

**我敢断言**

我很幸福，我很充实，我还渴望获得更多美好的东西！

人生应该有两大目标：一是得到自己要想的东西；二是要享受得到的东西。只有最聪明睿智的人才能实现第二个目标。

——洛根·皮尔萨尔·史密斯

美国作家，评论家

## 谎言13号

自我批评是很有效的。

或者表述为：

要想获得成功就要对自己很苛刻。

### 真　相

如果你想用无条件地自我欣赏和自我怜悯来充实滋润自己，那么这种方式并不一定能让你感到非常自在惬意，这并不是送给你自己的最好的礼物，但是这依然是一种能说明你获得生活中更多自己想要的东西的有效方式。想想父母看护孩子的情景吧。当一个小宝宝开始蹒跚学步时，我们当家长的从来不会在他摔倒的时候对其进行贬低、批评或责骂。相反，我们会对其进行鼓励，为其呐喊助威，把学走路时会摔倒看成是人生中必然经历的正常事件。一项又一项的研究表明，这种鼓励式的教养方式比起打屁股、恐吓责骂或诚惶诚恐等教育手段要有效得多。

同样的道理，我们对待自己的方式也是如此。我们越是凭着一颗真善美的心去做事，就越能体会到更多的快乐与幸福。而且在这种无条件的自爱自信和自我支持的基础上，我们更容易获得成功。不过我也见过一些人由于落入了思维的陷阱，对自己太过放纵，结果让自己的行为失去了理性。请相信我，在我做了十几年的生活指导教练的生涯中，一次也没有发现过这种由于自我放纵而走向失控的情况。相反，我看到的都是一幅幅充满自尊自爱自信的崭新人生画卷，每天的生活都充满了欣喜与快乐。毕竟，人生苦短，我们怎么能轻易错过任何一秒钟的快乐时光呢？绝对不能！

## 挑 战

按照下面的建议开始对你自己好一点儿吧。

- 首先要注意你是怎样对自己苛刻的。当我向一位女士提出“你对自己的苛刻都体现在哪些方面？”的问题时，她经常会流下眼泪，因为她很清楚地知道自己到底是怎样打击自己的。让我们承认到底对自己有多么苛刻，这确实有点让人感到尴尬或羞愧。
- 想想如果你对自己放松要求会发生什么让你感到害怕的事情。举个例子来说，如果你对自己的体重要求十分苛刻，那么如果让你停止控制体重的行为，放松地开始胡吃海喝饮酒作乐，你可能会心生恐惧。你可能会因为找不到一位充满浪漫情怀的爱侣而倍感痛苦，那么如果让你降低要求放宽寻找伴侣的条件，你可能会害怕自己将停止相亲约会，最后孤独终老。你有没有注意到我们内心深处喜欢自我批判的小恶魔有个显著的特点，那就是特别爱用绝对化的语调跟你说话。我们心中的小恶魔就喜欢说“一直、永远、绝不”等绝对化的词语。其实很多时候你都可以用“有时候、仅仅对于今天而言”等这样的词语改变一下自己的绝对化思维。这个效果是很神奇的！

- 关注一下你的自我打击式思维模式会导致什么样的恶性循环。这里有些颇具讽刺意味的真实案例。我发现由于我们对自己过于苛刻，导致了我们经常感到有无数值得担忧和焦虑的事情。换句话说，每当我们在进行自我打击的时候，我们往往不再敢大吃大喝或者选择不靠谱的另一半了……
- 下定决心学会自爱和自我同情。你在自尊自爱和自我同情的基础上所做的激进行为会让你的生活发生哪些改变？这是否意味着你要远离婚恋网站而去花更多的时间陪伴女朋友呢？为了给自己足够的关爱，你是否要每周都花时间去当地的农贸市场给自己买些喜欢的新鲜蔬菜和水果？
- 适当放纵一下自己。真正用心欣赏一下自己生活中阳光的一面，也可以看看你生活中的阴暗面。要好好滋养自己的身心，庆贺自己的不凡成就。

### 我敢断言

好好爱自己是对我而言最重要的事情……而且我会在每一天都过得越来越轻松和惬意。

自我同情是积极行为的助推剂，如果你想照顾好自己，那么只要在自我同情思想的指导下，你就会做出对自己健康有益的行为，而不会做出任何伤害自己的行为。

——克里斯汀·聂夫

美国作家，人类发展与文化领域教授

# Chapter 2

# 第二章

## 关于身体健康和
## 自我照顾方面的谎言

在我写下这段文字的时候，我的女儿安娜贝拉刚刚3岁。她的照片摆放在我的办公桌上，总让我想起她淘气又可爱的模样。最近安娜贝拉开始参加芭蕾舞培训班了，她在镜子面前跳舞时看着自己的样子让我很是惊诧。她是那么专注地凝视着身上的小芭蕾舞裙，充满了好奇。她还完全没有判断能力，缺乏自我意识，还不会有意识地关注自己的样子。她对芭蕾的热爱是那么纯粹，充满了求知欲。她对自己表演的舞蹈也充满了惊奇。我怀着满满的关爱凝望着她，脸上带着微笑，微笑中还含有几分骄傲和鼓励。当我放松警惕的时候，我心中的小恶魔向我提出了下面这些问题："什么时候自尊自爱会消失，自我批评会生发出来呢？我该从何处着手让我的女儿开始厌恶镜子里的自己呢？什么时候她才会停止好奇，开始关注那一系列有关自我改变的事情呢？"

我渴望有一天，在我们长大成人之后，看着镜子里的自己还能像3岁的时候一样，充满爱意和善意。当我们走出了苛刻评判的藩篱，又会进入相互攀比的怪圈。这是一步高阶，对吗？当今的现实是：我们需要冲破太多的障碍。强大的广告业已经通过向我们兜售"我还不够好"这样的观点而赚取了几十亿美元。我还不够年轻，我还不够貌美，我还不够苗条……当你照镜子的时候，你最讨厌的事情是什么？把它揪出来！然后你再到处看看，会发现有很多解决它的"方法"。

我们潜意识里每天都在跟这些消极的想法纠缠不清。有研究表明，我们只有8%的想法是真正有意识的，其余92%的想法都是潜意识里冒出来的，影响着我们对自我的评价和感受。这是一种疯狂的攻击：那些位于我们前方的让我们为之痛苦奋斗的理想化身材其实根本就是可望而不可即的。像世界超模辛迪·克劳馥就曾经说过，每当她看到自己那些修饰过的照片时，她觉得“根本就不像辛迪·克劳馥”。

我们需要有意识地拾回我们对于自己外形的正确评价。我们需要压制住心中的小恶魔对于我们的身体状况所说的种种谎言。同时我们还要多听听心中的智慧女神是怎么说的，从更深层次上理解其慧言慧语，并坚持不懈地付诸行动，这样我们才能建立一种积极健康的自我评价体系。就算不是为了我们自己的幸福与快乐，也要为全世界像安娜贝拉这样单纯可爱的孩子们做个好榜样。世上的小女孩们都非常需要我们自尊自爱，给她们当好指明灯。那么我们现在就开始行动吧。

# 谎言14号

我实在太＿＿＿＿＿＿＿＿（胖，瘦，丑，高）了。

## 真 相

我认识的单身女人没有一个不想在某些方面改变一下自己的外表的。那么我们对自己的外表不满意的想法是怎么冒出来的呢？是从潜意识中爆发出来的吗？那些天生丽质完美无瑕的女人范本是怎么跑到我们潜意识中去的呢？根据媒体专家基恩·吉尔伯恩的观点，美国人平均每天会看到三千个广告！而且几乎每个广告都在向人们传输“你还不够好”的观点，不断向人们推销可以使人看上去更美丽、更年轻、更苗条的产品。结果真的可以让你在一分钟之内就接受他们的广告。

因此，当你照镜子的时候，你心中的小恶魔会不失时机地蹦出这些字眼儿："太胖，太丑，太老……"那么请你花一分钟的时间问问自己："我是跟谁比太胖了呢？我是跟什么年龄的人比太老了呢？我是跟哪个超级名模比太丑了呢？"

请注意，你对自己的外表不满意的想法会阻止你做很多事情。想一想，你是不是真的认为自己已经胖得没人喜欢了？是不是已经胖得无法吸引一个不错的生意伙伴了？或者你已经老得不能从事自己喜欢的工作了？已经老得无法开始学习雕塑了？已经老得来不及寻找生命中的真爱了？下面这些假设可以阻止你在消极的路上越走越远。

## 挑　战

因为这个关于自己不够好的谎言实在是太普遍了，渗透面太广了，所以我得给你一点额外的训练指导，要让你借助下面的问题和工具变得更加自信自强。开始行动吧，一定要变得更美！

- 你觉得对自己的外表最不满意的地方是什么？
- 你内心深处的小恶魔认为这个最令你不满意的外表"缺陷"给你造成了哪些困扰？是有关人际关系？还是有关进步与提升？
- 你自己做的假设有多少真实的成分？换句话说，就是你的体重在多大程度上真的影响你找到爱侣？你的难看的大鼻头真的会影响你换一份工作吗？你会注意到其实99%的情况下阻碍你实现目标的就是你自己，而不是你眼睛周围的皱纹或者你的大尺寸臀围！

- 现在请用一分钟的时间设想一下你的体型特征根本没有阻碍你获取自己想要的东西。请你真正全神贯注地想一想。
- 想出一个同样也很胖、很老（或者任何你想让她具备的不良外表特征）的人，她却已经获得了成功，拥有相爱的另一半，还有你一直想要的好工作。举个例子来说，让我们先假设你已经相信自己会因为太丑而找不到真爱了。想想那个因为长着一张“有个性的脸”而著名的人物，她就是跟自己的梦中情人疯狂地陷入了爱河。再想想你那个亲爱的朋友，她跟自己在高中时代就开始相恋的爱人一直在一起，他们从一脸青春痘的笨小孩一路走来，很幸福。
- 最后，通过填写下面的空格来全面评价一下自己吧：我太______________（填一个外表上的缺点），但是我依然______________（填一些你喜欢的真实发生的事情）。举个例子来说：“我太老了……但是我依然很有激情与活力，我是一个伟大的面包师，还是个地道的电影迷。”“我太不丰满了，我是个平胸……但是我依然很可爱，很风趣，是团队中表现出色的一员。”“我太丑了……但是我依然是一个优秀的母亲和很棒的朋友，我喜欢徒步旅行。”

### 我敢断言

我是美丽的、性感的、强壮的，这就是以我自己的方式展现出来的自我。

希望自己成为别人就是对自我价值的浪费。

——佚名

# 谎言15号

照顾好自己是自私的做法。

## 真　相

我们只有把照顾好自己作为人生的首要任务，才有能力更好地照顾别人。我知道拿出专门的时间来关注和照料自己是多么的困难。但是为人父母以后你就会知道，这是多么的重要！当你以负责任的态度来照顾好自己的时候，你就给了你自己成为好家长、好朋友、好伴侣、好兄弟姐妹和好同事的机会。

作为一名职场女性，我可以谈谈有关照顾好自己的亲身感受。我既有自我照顾的需求，也在为找不出专门的时间来关注自己而感到纠结和痛苦。根据我的经验，拿出时间给自己充电和养精蓄锐是非常重要的，这样我才有可能成为最棒的母亲。在我刚生下女儿的最初几个月里，想找出一点点时间关注自己都十分困难。我有一个十分支持我的丈夫，还有可爱的家人们，不过我毅然选择了全母乳喂养宝宝，因此我的责任就是每隔几小时喂宝宝吃奶。一个月以后，我实在是筋疲力尽了，我都要坚持不住哭出来了。我意识到我必须要反省一下，改变自己，坚持每天拿出二三十分钟的时间给自己，或者去洗个热水澡，或者去散散步，或者做一会儿冥想。我吃惊地发现，自己竟然能这么自私地专门拿出时间来给自己；不过我还吃惊地发现，我竟然在恢复了活力之后能付出更多了！

## 挑　战

向你身边关系亲密的人宣布，你要把照顾好自己放在首要位置。将你认为可以帮助你恢复活力给你增添动力的事情列一个表（如到大自然中去散步、长时间洗澡、体育锻炼、写日记、弹钢琴、做瑜伽、剪报、缝被子、和朋友一起喝咖啡、做中介、玩填字游戏——任何你喜欢做的事情）。然后给自己制订每周的日程表——至少每周拿出一个小时的时间来做这些事情，就像你日程表上已经标好的其他约会一样，要按时执行。用你自己的方式每天都照顾好自己。除此之外，在属于你自己的时间里还可以做些什么呢？以下的建议示例可供你参考。

- 跟着iPod进行一个小时唱歌练习，用你最喜欢的调子唱歌。

- 烘焙面包、蛋糕。
- 读一部巨著。
- 观光游览（去博物馆、剧院、公园或者海滩）。

**我敢断言**

首先我愿意照顾好自己，因此我的杯子已经满溢！

要好好爱自己，这样你人生中其他的一切也会变得有条不紊。

——露茜丽·鲍儿

美国喜剧演员

# 谎言16号

*总有一天我会赢得减肥战的胜利。*

## 真　相

请相信我，如果没有战争就没有胜负之说。现在要说的只有你和你对待自己身体的态度——你的身体很不可思议，你的身体会用某种方式来呼吸、移动、舞蹈、欢笑、叹息、吞咽、奔跑和爬行。现在正是你应该好好欣赏自己身体的时刻。放弃减肥战，庆祝你拥有今天这样的身体状态吧！

如果我们任由减肥战的谎言主宰我们的行为，那么我们会真的感觉自己正处于战争当中。拿出一点时间好好想想这种感觉：处于战争当中就意味着暴力、憎恨与争斗。我们能否下定决心把这些有关战争的不良情绪统统删除呢？而且如果我们背上了减肥战的债务，那么我们就会最终放弃抵抗，想实现甩掉赘肉的目标也就遥遥无期了（假设这是你的目标）。你认为在战场上更容易种下可以令你健康性感朝气蓬勃的种子吗？当然不是，我也认为答案是否定的！相反，我们必须接受现在的身体状态，并且要平和地对待我们现在的身体。就在这一刻，我们从接纳现在的身体开始，在思想意识上懂得爱惜现在的身体，我们就能够享受到安宁幸福的生活，体会到人生的极大乐趣。

## 挑　战

那么，你现在准备好了吗？你愿意开始行动了吗？你有这个胆量吗？让我们先来做一些基本的自我接纳的练习吧。

- 拿出一个星期的时间，每天都裸体站在镜子前面十分钟，说出自己最喜欢的身体的十处地方。没错，就是让你说出十处你自己最喜欢的地方。这十处地方可以是“美丽的臀部”“神奇的皮肤”，也可以是“有力的心跳”。
- 在跟其他人说到你的身体时（或者自言自语时），要用一种机智灵活的方式表明自己对待身体的态度——不许冷酷无情，不许充满抱怨，不许用自我贬低式的幽默。举个例子来说，当有人褒扬你的身材时，不要偏激地回答：“真的吗？天哪，我真的非常忍受不了我这样的大腿了！”而应该回答：“十分感谢。我感觉自己今天活力十足呢！”

或者“感谢你关注我的……我最近坚持走很多路，感觉很不错。”当你每天早晨不再纠结于牛仔裤合不合适、连衣裙是不是看起来很滑稽时，你就已经做好准备了，你一定会看起来非常迷人的。

## 我敢断言

我的身体是神奇又美妙的，这是自我的神奇展现。

我的肢体会因为接触到了这个丰富多彩的生命世界而变得绚丽无比。

——拉宾德拉纳特·泰戈尔

孟加拉诗人，剧作家，画家

# 谎言17号

除非我已经处于危机之中，不然我绝不会寻求帮助与支持。

或者表述为：

寻求帮助会显得自己很懦弱。

## 真 相

我发现保姆和妈妈们尤其喜欢这句谎言。我们经常期望着自己能够一直面面俱到，照顾好一切。而实际上，我们总是需要接受帮助和支持，不然我们也太受累了，对吧？

其实，寻求帮助真的不是一件丢人的事儿，你可以因此而做得更好。懂得寻求帮助与支持是很重要的一项预防性保健工作。当你始终如一地寻求适当的帮助与支持，你就会吸引更多的人到你的队伍中来，你会成为众人的榜样，你的身上会散发着智慧之光！

## 挑　战

明确地找出自己在生活中的哪些领域可以利用别人的帮助来减轻自己的负担，确认一下都有哪些人会支持你，问问这些人是否愿意与你为伍，让他们也知道自己可以有权利在任何自己不想点头称是的时候大胆摇头说“不”。在这一点上达成一致至关重要，因为你希望他们能做出力所能及的奉献，而不是超负荷运转。现在请你提出第一个要求吧。

如果你能坚持做这样的练习，也许你会在寻求帮助之前带着一些满足感去等待危机的发生。你会问自己：“我将有什么收获呢？我喜欢处在危机中的感觉吗？我会因为得到了他人更多的关注而感到满足吗？我喜欢当一个受难者或者牺牲者吗？”如果你的回答是喜欢当受难者，那么请回顾一下“谎言6号”；如果你的回答是喜欢当牺牲者，那么请回顾一下“谎言10号”。

### 我敢断言

我喜欢帮助别人，也喜欢接受帮助！

请把善良之光照射到内心中去。

——萨克

美国作家，艺术家

# 谎言18号

如果我说“不”，人们会讨厌我的。

或者表述为：

如果我说“不”，我会受到惩罚的。

如果我说“不”，我就是个坏女孩。

## 真 相

当你说“不”的时候，你教会了人们怎样诚恳而又充满敬意地看待你。同时也给自己立下了规矩，让人们知道对你而言哪些事情是可以接受的，哪些是不可以接受的。也许你会发现有些人无法把握好你立下的规矩，那么你就应该重新考虑一下你跟这些人的关系，不管是终止跟这些人的交往，完全放弃跟他们之间的关系，还是跟他们重新建立一种让你觉得被尊重的关系，都是可以考虑的。

如果你口是心非，那么人们将无法看清真实的你。这会在你和你爱的人们之间产生隔阂，增加你们之间的距离感，你会因此而觉得不快乐，觉得自己没有得到应有的尊重。

## 挑 战

把你那顶假惺惺的“好好女人”的帽子甩掉，换上一顶百分百体现真实自我的帽子吧。开始试着告诉大家你的真实感受，给自己立下规矩，开始学着说“不”！当你跟身边亲近的人在一起时开始尝试做出改变，让他们知道你正在扮演真实的自我，不再一味点头称是，而且要求他们要尊重你立下的规矩。可以试着从下面的几条开始行动。

你：你好，______________（填上你信任的好朋友的名字）。你有没注意到我这人有个坏习惯啊？就是我明明心里的真实想法是说“不”，或者我确实需要说“不”，可是我却总是表里不一地点头称是。

好友：事实上我已经注意到了。

你：好吧，我已经决定了，我要开始给自己立下规矩，该说“不”的时候我要坚决说“不”。我已经意识到了，我总是言不由衷地点头称是，导致我无法表达自己的真实感受。我以后再也不这么干了，我的口是心非导致我经常发怒，越来越厌恶自己，我把真实的自己隐藏在了无原则点头称是的后面。

好友：这个我真的不知道呢。谢谢你告诉我。现在我明白了。

你：我现在真的非常需要你的支持。我要开始学着说“不”，给自己立下规矩，变得更加真实，你能一直站在我这边吗？

好友：当然可以！绝对没问题呀！我真的为你感到骄傲，而且我很高兴能帮到你。你真是个充满正能量的家伙！

那些真正喜欢你的朋友会因为你对他们的充分信任而感到激动与振奋，他们会因为你的主动精神而对你更加尊敬。我敢拍着胸脯保证：一旦你开始说“不”，你将会体验到更多自尊自爱和自我崇拜的感觉。

### 我敢断言

只要我想说“不”我就会说“不”，而且爱我的人们依然跟以前一样爱我。

人生中最令人疲惫不堪的事情就是对自己不够诚恳。

——安妮·摩罗·林德伯格

美国作家，飞行员

# 谎言19号

我不能调控好自己的身体健康。

## 真　相

国家卫生研究所最近的一项研究表明，人们70%的疾病都与压力有关。世界卫生组织也发出警告，称当今的抑郁症发病率走高也与人们的压力有关。因此我们在主观上应该有能力调控好自己的身体健康。我曾经一次又一次地强调：照顾好自己是你的人生第一要义，而你的健康问题是照顾好自己的最重要的一点。

下面是美国压力研究所的观点：

“压力”这个词是最近才开始流行起来的。最早发明这个词的是汉斯·塞利，他对这个词的定义是“人体对任何变化需求的非特异性反应”。塞利曾经用小动物做了大量的实验，发现小动物对于身体和精神上不同的强烈敏锐的刺激（如刺眼的光、震耳欲聋的噪音、骤冷骤热、持续的情绪混乱）会做出相同的应激性反射，引起胃溃疡发生病理性变化，淋巴样组织大量损耗，以及肾上腺素激增。最后他宣布自己通过大量实验得出的结论：持续不断的压力会导致小动物产生各种各样的疾病，人类也跟小动物相似，会因为压力而增加心脏病、中风、肾病和风湿性关节炎等的发病率。

因此，如果我们不能很好地应对生存现状的变化，就会产生压力，并一直伴随着我们生活在这个变幻莫测的世界上。我们必须培养一种随机应变的本领，在不断变化的生存环境中保持镇定，有意识地关注自己的身体状况。我们可以找到属于自己的那份内心身处的平静。

## 挑　战

给你的人生列一个健康行为表格，目标就是要做到下面列出的所有项目。如果你还没有完全做到，那么请你遵循自己身体的内在需求，做出适当的改变，从今天开始运行一种全新的生活模式。

- 我每星期有三天至少做半个小时的运动。
- 我不吸烟。
- 我只是适量饮酒或者一点也不喝酒。
- 我会使用抗生素，但只是在有细菌性感染的情况下才用，而不是为了抗病毒。
- 我每天都吃复合维生素。
- 我每天都喝大量的水。

- 我每天都吃大量的蔬菜和水果。
- 我保持健康体重。
- 我每天都能呼吸新鲜空气。
- 我每天都用防晒霜。
- 我每天都享受至少一次捧腹大笑的感觉。
- 我每天能收到至少两个拥抱。
- 我每天都花至少十分钟的时间去关注积极的事情（如我的梦想、目标、愿望等），可以通过冥想、凝望或者深呼吸来进入平和的精神世界。
- 我每天都跟内心深处的智慧女神进行对话，尤其在我做出重大决策之前都要听听她的意见。

如果你按照本书的建议开始行动，不再理会心中的小恶魔对你的消极影响，那么我相信你会逐渐发现自己的健康状况已经有了改观。

### 我敢断言

我很健康，因为我能很好地应对生活中的各种变化。我的适应能力很强，我很强。

从身体状况能够看出精神状态。

——杰瑞·奥古斯丁

美国职业篮球运动员

# 谎言20号

我有权得到别人的关照。

## 真 相

从华尔街的经济大衰退到社会保障机构做出的赈灾努力，大量的事实向我们传达了清晰有力的信息：千万不要把自己的幸福安康交到别人的手里！当然，我们的政客和CEO们都喜欢拍着胸脯告诉我们，他们可以保证我们的安全，保证我们的财富不会流失，保证我们平安健康，而实际上他们并不能说到做到。我甚至一度怀疑他们大多数是出于善良的本意才宣扬能把我们照顾得足够好，我认为他们总是能从中获得好处的（我可不是特别愤世嫉俗的人）。不过事实就是政府和大型企业是不可能满足我们每个人的需求的。唯一一个能让你确信可以照顾好你的人就是你自己，所以请你重拾自信，找回属于自己的力量吧。

## 挑　战

把你有关依赖别人照顾的事项做个列表。你是否参加了公司的401（k）养老金计划，由公司来决定把你的钱花到何处？你是否寄希望于社会保障机构来满足你退休以后的所有生活需求？你是不是没有健康保险？你是否相信去大型连锁饭店就餐能保证你的营养供给？你可以每个月都从某一个领域着手来用自己的力量照顾好自己，学会怎样充分发挥自己的力量！

### 我敢断言

我是无所不能的强者。我可以从容不迫地照顾好自己和家人。

男人们可以实现让自己更加强壮的梦想，因为能够帮助他们的援手就在他们自己的胳膊的末端。

——西德尼·J.菲利普斯

第二次世界大战退伍军人

# *Chapter 3*

# 第三章

## 关于成功的谎言

你要做的最重要的事情之一就是确定属于你自己的成功的定义。现在请你花一点时间回答下面的这些问题。

- 成功对你来说到底意味着什么？
- 你对于成功独一无二的看法是什么？
- 你怎么知道自己已经获得了成功？
- 想象一下你已经百分百地获得了成功，你的人生会变成什么样呢？你会去环游世界吗？你会花时间好好陪伴家人吗？你会花一整天的时间烘烤面包吗？要真切地体会一下你的成功人生是什么样的。

我的绝大多数客户都发现，成功其实与金钱或名誉的关系并不密切，而是与幸福感和满足感的关系更为密切。我们心中的小恶魔就喜欢促使我们像小仓鼠转轮一样快速地、永不停息地去追求模棱两可的成功，督促我们越来越努力地工作，可是却进展缓慢，让我们错过了很多原本可以享受到的简单生活的快乐。我希望你能深刻地领悟人生的真谛，明确生活的目标，确定对你而言到底真正的快乐与成功是什么。下面要讲的故事就很好地阐释了我的这一观点。

## 渔夫和投资银行家

一个来自美国的投资银行家站在一个墨西哥小渔村的码头上，此时有一艘小船停泊在码头边，船上只有一个渔夫，船里有几条大大的黄鳍金枪鱼。这个美国银行家称赞墨西哥渔夫打捞上来的鱼质量真是不错，并且询问渔夫要花多长时间才能捕到这些鱼。

渔夫回答说："只需要一小会儿就能捕到这些鱼。"

于是美国银行家问渔夫为何不在海上多待一会儿以便捕到更多的鱼。

渔夫回答说他捕到这些鱼已经能够满足全家人眼下的需求了。

美国银行家接着问："可是你捕完鱼以后剩下的时间都干什么呢?"

渔夫回答说："我会睡懒觉，早上睡到自然醒，然后出海去捕一点鱼，回来跟我的孩子们玩耍一番，再跟我的妻子玛丽亚一起午睡，每天晚上我会去村里散散步，跟我的朋友喝点红酒，再弹弹吉他，我的生活非常充实而忙碌呢。"

美国银行家开始用嘲笑的口气对渔夫说："我拥有哈佛MBA学位，我可以帮助你。你应该花更多的时间出海捕鱼，赚更多的钱以后再买一条大船。然后你会因为有了大船而捕到更多的鱼，赚更多的钱，然后你就能买更多的大船……最终你将拥有自己的一个捕鱼船队。不要像现在这样把你捕捞上来的鱼都卖给中间人，而应该直接卖给鱼肉产品制造商，这样你能赚更多的钱，最后你将拥有自己的鱼罐头加工厂。如此一来，你就可以掌控从生产到加工制造再到销售的所有环节了。然后你应该离开这个小小的海边渔村，把自己的企业开办到墨西哥城去，再到洛杉矶，最终到纽约，你的企业会越做越大，扩张到更多的城市。"

渔夫问道："可是我要做到你说的这些一共需要多长时间呢？"

美国银行家回答："需要十五年到二十年吧。"

渔夫接着问道："那后面接下来干吗呢？"

美国银行家大笑着说："接下来就是最美好的日子啦！你在合适的时候就可以宣布公司上市了，然后卖掉你的公司股票，你就成为大富翁了，你将拥有好几百万美元呢。"

渔夫说："好几百万啊……那么然后呢？"

美国银行家说道："然后你就可以退休了。你可以去一个美丽的海边小渔村，你可以每天睡到自然醒，钓钓鱼，陪孩子们玩耍，跟你的妻子一起睡午觉，到了晚上就去村里散散步，跟你的朋友喝点红酒，弹弹吉他。"

我们也曾经一直为了追求上面的美国银行家所谓成功而备受折磨。我们一直被很多关于成功的谎言所欺骗，现在让我们一个个地揭穿谎言，找寻真正的人生价值吧！

# 谎言21号

我有挫败感。

## 真　相

我随时都能听到人们说出这句谎言。我经常怀疑伴随这句谎言的还有别的东西。绝大多数情况下当我们心生挫败感的时候，我们实际上很空虚，没做出什么有意义的事情。我们总是因为做不好生活中各种无聊的事情而倍受打击，经常去做毫无价值的努力，迷失了自我，丢失了我们内心深处真正想要实现的梦想与目标。换句话说，我们的挫败感总是来自于生活中那些毫无意义的东西。这真是太糟糕了！

当你心中的小恶魔发现你的日程表上已经排满了各种无聊枯燥的任务，就知道你根本没有激情和灵感来完成这些任务了，于是她就会给你传达一条信息，让你觉得自己很疲惫，还没付出足够的努力，做得还不够好。你会想当然地以为问题出在自己做事情没有组织性，或者你还需要花费更多的时间和精力来完成任务。但你心中的智慧女神却深知你其实可以大胆挑战一下自我，做一个彻头彻尾的激动人心的选择。你还记得最后一次听到某个一直坚持自己梦想的女强人说过她有挫败感吗？你已经不记得是什么时候了吧。当然，她是不会说自己有挫败感的，相反，她会说："虽然我现在比以前任何时候都要忙碌，但是我有用之不竭的精力与热情!"

我曾经接待过一个名字叫苏的女客户，她有两个年幼的孩子，而且还做点家族生意，她经常发现自己被挫败感包围着。她的日程表看上去十分忙乱，她甚至觉得自己都没有睡觉和吃饭的时间。这位整天忙得团团转的妈妈看上去好像就算一粒豌豆从她的盘子里掉出来都会急得哭出来。在接受了我几个月的生活指导之后，她打开了心结：原来苏的家族生意中有75%的工作都是她不喜欢做的，她觉得很空虚无聊，因为她做的事情跟她的生活目标毫无关系，无法激发她的生活热情。苏希望能表达自己真实的情感和愿望，追求自己真正的理想。

我们讨论了一些可供苏选择的能让她感兴趣的生活方式，她决定选择一种全新的职业路径，换个自己喜欢的工作。尽管她每天会花费更多的时间在交通上，但是她觉得自己精力十分充沛，因为她对这份工作充满热情，是发自内心地盼望着做好这份工作。（可以想象出她的状态吧！）这使得她逐渐消除了原有的挫败感，越来越多地感受到生活和工作的快乐。当然，她还在生活的各个方面都获得了更多的成功。而她内心中的小恶魔，我们给其取了个绰号——“失败的奥尔加”，从一个喜欢欺负弱小的霸道专横的家伙变成了一个只能在苏的休息日里才能小声嘀咕几句的小害虫，其危害微不足道。

## 挑　战

其实你根本没必要仅仅是为了消除挫败感而让自己的整个职业生涯都发生颠覆性的改变。相反，你可以选择放弃一些东西，从而去获得一些更重要的东西，让自己的人生更加灿烂夺目，让自己更加活力四射。首先你要把每周或者每月让你心生挫败感的事项做个列表。然后把这些事项分成三大类：可以选择的、可以舍弃的、可以授权的。

- 可以选择的：这些项目是你比较喜欢的，可以从中获取满足感——你会充满热情、有目的地去做这些事情。
- 可以舍弃的：这些项目对你而言太过简单了，你可以直接选择不去做——你讨厌做这些事情，你可以干脆将其舍弃不做。
- 可以授权的：这些项目是令你讨厌的事情，你可以授权别人来做这些事情。

举例来说，假设你每月的日程表上有下列待办事项。

- 每周带你的孩子们去上艺术培训班——可以选择的。你喜欢看着你的孩子们在培训班里快乐地学习，所以你决定每次都要参与他们在培训班里的活动，欣赏他们的杰作。
- 保持收支平衡，按时偿还账单——可以选择的。尽管你在做这件事情的时候并不是热情高涨，但是你也不想让你的爱人去做（因为他对数字不太擅长），当然在当前你也没有要雇用一个会计师的想法。你会发现自己在理财方面所做的工作是很有价值的。一想到你将因此而获得收益，你就不会再感到郁闷和委屈，因为你并不是一味付出而一无所获，你会更加有目的、有热情地去做好这些事情。现在你可以做出选择了。
- 美甲——可以舍弃的。实际上你真的不喜欢去美甲。每次去美甲沙龙都要花费半个小时的时间，而且美甲的效果都不见得能维持半个小时。你喜欢奢侈的生活，但也喜欢自然派。过于追求奢侈会消耗你太多的能量，所以你还是把美甲这件事情从你的日程表上删掉吧。
- 每月在家里做一次大扫除——可以授权的。如果你亲自完成大扫除的工作，会耗费相当多的体力，会因此而没有充足的能量去做其他更重要、更有意义的事情。所以，你还是花钱雇个家政服务员帮你清扫房间吧，或者把这个任务交给你的爱人。

## 我敢断言

我可以选择怎样打发每一天的时光，怎样度过我的人生。我会平衡好生活的方方面面，让自己一直充满活力，对待生活永远热情洋溢。

我们度过每一天的方式就是我们消耗生命的方式。

——安妮·迪拉德

普立兹奖得主，美国作家

# 谎言22号

我是个失败者。

## 真　相

人类始终都是失败者。实际上我们所有人一直都处在失败中。温斯顿·丘吉尔（英国政治家、演说家及作家）曾经说过："成功就是从一次次的失败中而来的，只要你不丧失追求成功的热情。"

问题在于我们一旦失败一次，就会给自己贴上"失败者"的标签，就会认定自己是个失败者。而实际上我们不过是体验了一次失败的感觉而已。失败的体验有利于我们反省自己，有利于我们成长，让我们变得更加成熟，更有智慧。毕竟，体验失败是我们生活的一个必不可少的组成部分——不管你多么成功。回顾一下几位名人的经历。

- 巴比·鲁斯曾经有过1330次职业生涯的失败。
- 唐纳德·特朗普一度背负着9亿美元的个人债务，连续四年投资失败，蒙受了巨大的经济损失。
- 奥普拉·温弗瑞的电影《情人》上演了票房悲剧，损失了大约3千万美元。

可是我们觉得大多数人都不会记得这些名人曾经的失败经历，甚至从来都不会关注这些，对吗？实际上，通往成功的道路上总是铺满了失败的荆棘。在我们追求成功的同时不可能完全避开失败的打击，但是失败对我们而言也是很有意义的。

## 挑　战

把你过去一年的失败经历一一写下来，做成一个列表。然后写出每一次失败对你都有哪些帮助，你从失败中得到了怎样的提升。换句话说就是你从自己的经历中学到了什么？对人生有了哪些新的感悟？要确保你从失败中得到的东西是积极的。举个例子来说，你不要用消极的态度对自己说“我从失败中得到的结论就是我很讨厌当会计”，而应该对自己说“我发现要想成功就必须要授权让别人帮忙做一些自己不擅长的事情，这是很重要的”。

看一看，在律师考试中失败了是不是可以让你懂得如何更好地进行学习？失败的婚姻是不是能让你认识到怎样才能坚持自我，把爱护自己看成人生的首要任务？一个失败的项目预算是不是让你明白了如何才能更好地做好沟通工作？请你把自己的失败经历看成是学习的机会，把失败的经验转变成有助于自己成长的宝贵财富，这样一来你内心深处的小恶魔就无法再对你说出“失败者”的谎言了。

### 我敢断言

我跟许多成功者一样，虽然经历了一次又一次的失败，但是从未丧失生活的热情与勇气，我从每次失败中学到了越来越多的东西。

只要你愿意选择，任何时候你都可以选择崭新的人生开端，我们所谓“失败”并不是真的一败涂地，只不过是一种暂时的失败状态罢了。

——玛丽·皮克福德

美国演员，联美电影制片厂创始人之一

# 谎言23号

如果我坚持不懈，总有一天我将完成所有的任务。

## 真　相

我们永远都不可能完成所有的任务。就在我们检查待办事项是否都已经做完的时候，又一个新的待办事项出现了。你信不信我这么说是有根据的？现在请你把电子邮箱收件箱里的邮件全部清空，然后深吸一口气放松一下。我敢说在五分钟之内就会有一封新的邮件进来。

生活中充满了变量，我们唯一可以肯定永远不变的就是“变化”。如果你认为自己能在未来的某一天把所有的任务都完成，那你就太幼稚可笑了。相反，我们不要再把注意力放在完成所有任务上，要关注我们的人生旅程，在实实在在的生活中寻找快乐。

我不止一次地提醒自己和我的客户们，我们的生活日程表上总是列满了永远也做不完的待办事项。等我们去做的事情总是比已经做完的事情还要多，而我们真正需要关注的是自己的确想去做的事情。然后我们就可以开开心心地去做，并且非常享受完成这件事情的过程。认为坚持不懈地忙成陀螺一样才是有助于实现成功梦想的观点其实是不现实的。放慢脚步，深呼吸，嗅一嗅玫瑰的清香，这才是真正地享受生活！

## 挑　战

既然知道我们的生活中永远有做不完的事情，那么最关键的就是要有一颗积极向上的心，用乐观的心态对待那些看似永远也完不成的任务，这样才能每天都过得开心愉快。先声明一下你要用怎样的态度去对待生活中总也做不完的事情，再激发出自己的潜力。你可以选择快节奏的生活，忙得不可开交，压力重重。

那么在接下来的三十天的忙碌生活中，你想用一种怎样的方式来对待你那永远也做不完的日程表呢？在下面的空格中填上你能想到的积极词汇吧：我______________地忙碌着。举个例子，我很开心地忙碌着，我很欣喜地忙碌着，我很另类地忙碌着。然后你根据这些词汇再谱写一段新的人生故事，关于你如何处理待办事项的故事，把你的真实经历收集记录下来。如果你决定坚持“我很神奇地忙碌着”的观点，那么你就需要观察自己的生活发生了怎样神奇的变化。在你懒得做晚饭的时候，你的爱人是不是在下班回家的时候带回了外卖食品？在你正为不能按时完成任务愁眉不展的时候，你是不是得到了几天的宽限？你的孩子是不是回家宣布了募捐者活动的日程要重新安排了——这对你而言更有利？请你站在神奇的视角去欣赏更加美好的人生风景吧！

**我敢断言**

请你用自信的论调给“忙碌”重新下个定义。

尽管我宣称自己忙得不可开交，但是我仍然做着世界上最棒的工作。

——彼得·克里斯

美国摇滚巨星，KISS乐队鼓手

# 谎言24号

我应该走得更远。

或者表述为：

我在错误的时间站在了错误的地点。

## 真　相

其实你一直在正确的时间站在正确的地点。对你而言就只有一个定论，那就是只有你才能在这个特定的时候经历特定的事件，你是唯一可以体验自己完美人生的人，除你以外别无他人。因此，你为什么要把自己的经历贴上“错误”的标签呢？

请不要误解我的意思，谁都有感觉沮丧的时刻，谁都有失败的经历，我们经常在情绪的低谷期就稀里糊涂地认定自己在错误的时间站在了错误的地点。不过每次当我们以“事后诸葛亮”的身份回头看看自己曾经的低谷期，就会发现我们需要真正体验自己到底在什么时间做了什么事情。我们需要在这个过程中逐渐成长起来，需要萌生更多的想法，获取更多的经验。

你拥有为自己的人生赋予意义的自由，你可以掌控自己的人生。如果你没有过失败的体验，没有经历过人生低谷期，那么你将无法体会更多的喜悦。人生的低谷能让你变得更加强大——你能因此而磨炼出坚强的个性，领悟到更加深刻的人生真谛。

因此，请你摘掉自己“错误”的标签，给自己贴上一个“正确”的标签吧！为什么你要浪费时间去担忧自己在什么时候、什么地点做错了什么呢？为什么要为自己应该做到却尚未做到的事情而忧虑呢？你应该对过去的失败经验心存感激，要从中吸取有益的教训，并把眼光放在当下，关注现在。

有一天，我接待了一个名叫玛丽的客户，她心中的小恶魔总是打击她的自信心，让她相信自己原本可以走得更远，现在做得还远远不够。玛丽觉得自己就是个失败者，认为她应该拥有更好的工作，应该赚更多的钱。她心中的小恶魔经常跟她唠叨：“你都快五十岁了，你的生活原本应该比现在好得多。”（朋友们，我们大脑中是不是也经常冒出这样的声音？我们心中的小恶魔实在是太卑鄙了！）

不过玛丽做了一次深呼吸，然后把注意力放在了心中的智慧女神身上，她开始意识到自己真正能走多远，明白了自己到底能做得多好。

- 作为一名教师，她可以理智地看待自己已经离婚的事实，并且因此而变得更加自信自强，今天的她比以前更加美丽大方、精神焕发。

- 她现在认可了更加缓慢的工作节奏，让自己有更多的时间去陪伴孩子们，他们才是生活中的阳光天使。
- 她懂得了自己一直就站在正确的地点，她不再感到压力重重，可以轻松地呼吸了——她摒弃了以前的陈旧观点，现在有了脱胎换骨的感觉，被禁锢的生命力重新焕发出勃勃生机，她现在觉得既轻松又充满活力。
- 她已经真正接受了自己目前的状态，认可了自己一直就在正确的时间站在了正确的地点，过去是，现在是，将来也是。

玛丽看着自己丰富多彩的巨幅人生画卷，心中充满了感激，她始终怀着一颗感恩的心面对自己所经历的一切。

## 挑　战

把那些陈旧的是非观和限制你行动的条条框框全都抛到九霄云外去吧！通过回答下面的问题来明确你真正想要什么。

- 描绘一幅十年前的人生画卷。想想看，那个时候的自己希望将来能实现什么梦想？
- 今天的你想对过去的你说些什么？
- 你现在对于十年前的自己有多少欣赏和钦佩（你到底有多么优秀）？
- 现在假设你在十年之后回头看看现在的你，那么未来的你会对现在的你说些什么呢？未来的你会希望现在的你做出哪些成就呢？

## 我敢断言

我一直就在正确的时间站在正确的地点。

有朝一日，当你回首往事的时候，你会发现正是那些曾经让你纠结和痛苦的岁月成就了你最美丽闪亮的人生。

——西格蒙德·弗洛伊德

奥地利神经学家，精神病医学家，精神分析的创始人

# 谎言25号

为了获得成功，唯一的途径就是拼命努力工作。

## 真 相

经历重重困难并不是成功的先决条件。拼命努力工作诚然能带你走向成功，但你也可以通过轻松灵活的方式获得成功。尽管我们认为走向成功需要用严格的纪律来苛求自己，但是这并不意味着我们必须要先体验巨大的痛苦和焦虑才能取得成功。实际上，如果你在追求成功的道路上觉得自己压力重重，超负荷运转，有种逆流而上精疲力竭的感觉，那么这很可能是个不良信号——告诉你已经走错方向了！

的确，你是否已经注意到了，当你感觉自己灵感迸发时工作起来就没那么辛苦了？仿佛工作也不像工作了，变成了一项轻松有趣的活动。当你的工作动力来自于自己追求的理想时，你就会觉得自己努力工作是有价值和有趣味的。你会觉得自己就像乘着一叶扁舟在人生之河中顺流而下，自在又惬意。可以想象，带着热情与灵感去工作将会产生怎样不同的效果。

我永远也忘不了那个名叫杰西卡的女演员，她是我的一个客户，正努力寻求一位优秀的经纪人。要知道在洛杉矶寻找一个顶级的经纪人可不是一件容易的事儿，尤其是选择用一味埋头苦干的方式来寻找就更难了。在那个时候，绝大多数的演员寻找经纪人都是用广泛撒网的办法，最常见的做法就是把自己的照片和简历装进信封投递出去。这种做法是非常浪费时间和金钱的，而且还相当耗费精力。然后这些演员们就会眼巴巴地等着有电话打过来说："嘿，我想见你一面，有可能的话我会做你的经纪人。"我的天哪，我一想到这儿就觉得痛苦不已！这样寻找经纪人也太累了吧！不幸的是，几乎90%的推荐信都是石沉大海，不会有电话反馈的。很多推荐信都还没拆封就被丢进了废物堆里，或者被归入了永远也不会处理的档案堆里。杰西卡认为她也应该通过这样费时费力的途径去寻找自己的经纪人——即使耗费了巨大的精力也不见得能赢得一次机会。最后，我对她说："作为你的生活导师，我绝不允许你做这样的傻事！"我问她到底喜欢做什么事情，有什么事情可以激发她的灵感与热情。她内心的智慧女神给出的回答是：开办一个培训班，自己当老师，并且要在话剧舞台上一展风姿。她真的按照自己的意愿去做了，结果怎样呢？你猜发生了什么？一个她崇拜已久的经纪人竟然成了她培训班里的常客，观看了她的表演，并且邀请她成为自己的签约客户！你看，满怀激情去做自己喜欢的事情竟然能带来这么意想不到的好结果！

当然，杰西卡如愿以偿地找到了心仪的经纪人，而且她还把自己的培训班搞得有声有色，人气十足。不过她在这个过程中并没有感到疲惫与辛劳，而是始终有愉悦感陪伴其左右，她非常享受这一过程。这种充满激情的工作方式让她在无意间就散发出了迷人的魅力，并且能如愿以偿获得成功。成功来自于快乐地奋斗，拥有积极乐观的心态往往是成功的起点。

## 挑　战

如果你正在拼命努力工作，却一直收效甚微，感觉成功遥不可及，那么请你不要再相信“为了获得成功，唯一的途径就是拼命努力工作”这个谎言，先回答下面的几个问题吧。

- 凭你的经验，你认为拼命努力工作能给你带来丰厚的回报吗？换句话说，假设你正在努力寻找一位情投意合的伴侣，那么通过毫不懈怠地在交友网站上频频约会就一定能找到自己需要的爱人吗？你的努力一定不会白费吗？
- 你能否也认识一个像杰西卡一样的人，通过超人的自信和极佳的运气获得了成功呢？如果这种事情可以在别人身上发生，那么同样也可以在你身上发生。

- 请你展开想象的翅膀，给自己创作一个被幸运之神眷顾的故事吧。要从开头设计到结尾，每一个细节都要想到，这可是很有意思的哦！（“我决定去滑雪了，这样可以分散我的精力，减少在网上约会的时间。当我从高高的坡上欢快地滑下来时，遇到了一个聪明可爱的11岁女孩，我教给了她一些滑雪的窍门儿。接着她的爸爸出现了，他看上去聪明风趣又很真诚，而且是位单身父亲，他对我一见钟情，很快就跟我坠入爱河。6个月以后我们就踩在滑雪板上举行了婚礼！”）

**我敢断言**

只要我有灵感和热情，我的工作就像在玩耍，我会很享受这个过程。

如果你觉得自己的人生像在河水中逆流而上，疲惫不堪，那么请你调转方向顺流而下吧！

——特里·科尔

美国精神治疗师，生活导师，作家，励志演说家

# 谎言26号

关注我的问题有助于我解决问题。

## 真　相

任何被我们关注的问题都会被人为地放大。你是否还记得下面这一现象：环顾你的房间，找出所有蓝色的东西。然后把蓝色作为最重要的颜色给予充分的关注，并且在思想意识上要充分重视蓝色的东西（在你大脑的网状结构里启动有关的区域），引导你把所有颜色的东西都收入眼帘。然后你就会发现房间里的一切蓝色都在扩大化。

同样的道理，如果你正面临一个急需解决的问题，那么我建议你不要把注意力都放在问题本身，请试着关注一下解决问题的方法，看看存在多少解决问题的可能性。

丽贝卡是一个活力四射的女店员，她因为遇到了经济上的问题来寻求我的帮助。她确实正处于财政危机中：她的债主们总是电话不停地催债，她的汽车也快要被银行回收了。她的脸上写着大大的“愁”字。我建议她尽量抬起头从宏观上审视一下自己的人生蓝图。她可以从元认知的角度分析自己的经济问题属于哪种类型，不仅要分析问题产生的原因，还要找出解决问题的方法。她决定启动债务整理程序，一步步走出经济泥潭。她换了一所小房子住，从股市中脱身，慢慢弥补自己的财务漏洞。她用了三年的时间还清了所有债务，再也不回头看这段苦日子了。因为她首先把注意力转移到了解决问题的方法上，所以就会有许多方法如雨后春笋般冒出来，这就是解决问题的良好开端。

## 挑　战

列出三个你正在面对的问题。想象一下你正在一架盘旋的直升机上，你凌驾于这些问题之上俯视它们。就这样看着你的问题，感觉它们变得越来越渺小，最后就成了地面上的一个小圆点。然后开始关注你在现有的高度能看到的东西。看看你自己正在努力的方向，把注意力放在如何解决问题上，同时也要尊重自己的意愿，激发自己的兴趣。现在请你再重新看一遍前面列出的三个问题，针对每一个问题写下至少两个解决方法，而且你要把注意力放在自己希望得到的东西上，而不要只是关注问题本身。

### 我敢断言

就像看到房间里的蓝色越来越多一样，我可以看到越来越多解决问题的方法。

我们不能用生成问题的思维方式来寻求解决问题的方法。

——阿尔伯特·爱因斯坦

德国物理学家

# 谎言27号

我可以试一下。

## 真 相

仅仅想着尝试一下是远远不够的，你必须要勇于承担责任，要努力坚持实践。每当我听到有客户跟我说“尝试一下”的时候，我都假意逢迎，因为我深知他们不会真正承担其责任，只会回避责任。

这里有一个立见分晓的检验办法，你可以用其检测一下自己是不是勇于承担责任。保罗是我的教练团队中的一员，他总是拖拖拉拉完不成著作的初稿。一周又一周过去了，他每次来参加我们的教练活动时都说下次来的时候一定会把初稿完成，但每次都会食言，他把完成初稿的截止日期一推再推。在我们的教练团体活动接近尾声的时候，我决定用挑衅的语气跟他谈一谈。当我问到他打算什么时候才能完成初稿的时候，他说自己计划要在下次教练聚会时完成初稿。于是我接着问他是否敢跟我赌150美元，如果下次聚会前他无法完成初稿的话就捐给一个政治组织150美元。他跟我争辩说，凭什么要他给政治组织捐钱，他从来就不相信什么政治组织。太棒了！他终于明白自己对于完成初稿这件事的确负有不可推卸的责任。保罗成功应对了挑战，当然，他在下次教练聚会时成功交出了他的初稿。

## 挑 战

下次你再自言自语“我可以试一下”的时候，请分析一下你在回避哪些应当承担的责任，通过回答下列问题可以帮你厘清思路。

- 你是否真正希望自己能够勇挑重担？先暂停一下思考一会儿，再问问自己需要承担的责任是否跟你内心的期望相吻合。
- 你是否已经做好了失败的准备？我们经常会用“我可以试一下”的理念来指导自己的行为，结果导致走向失败，于是我们开始责备惩罚自己，因为我们的故事主题已经变成了“我是一个失败者”。

- 你是否正在考虑推卸一些责任？作为一个母亲，关于推卸责任的话题我还是可以说一两条建议的。就拿参加募捐活动或定期约好的亲子活动来说，我一般会用“是的，我会去参加的”或者“不，这次我先不参加了”来做出答复，对我自己也对他人展示一个明确的态度。我绝不会用“我可以试一下”这样模棱两可的话去搪塞别人。请跟我一起来掀起“说真话”的革命浪潮吧！
- 你是否知道自己能承担哪些责任？也许你并不会给自己戴高帽子，不会刻意夸大自己所要承担的责任，不过你可以很开心地去促成某个大事件。要搞清楚自己是否为应当承担的责任做好了准备。
- 现在请你用一颗敢于担当重任的心去坦然面对即将要做的工作吧，做好充分的准备去迎接挑战。换句话说，你可以很自然地把“我可以试一下”改为“我要坚持做下去”。你现在的心情是不是更好了呢？
- 最后，对你自己进行一次测验。请问你还愿意勉强自己吃掉你最不喜欢的食物吗？你能为了一个自己都不相信的理由而去参加募捐活动吗？如果答案是否定的，那请你再回到上一问题，试着改变一下自己的观点，直到你通过这个测验为止。

## 我敢断言

参考上述内容，运用“我将会……”的句式在这里写下你自己的定论。

试着做或者不做。我们不需要试试看，只需要行动派。

——绝地大师尤达

来自《星球大战》

# 谎言28号

我相信乐极生悲。

或者表述为：

如果我太过高兴，那么就会有坏事发生。

## 真　相

如果你不允许自己为自己欢呼，那么你就会剥夺自己很多的快乐。你如果相信自己在过于开心或者收获太多成果时就意味着要大祸临头了，那么你就陷入了荒谬的思想泥潭。这就像是你在大脑中人为地埋下了一颗恐惧的种子。

我经常在人们跟我唠叨“千万不可以太高兴太得意”的时候忍不住咯咯笑几声，或者他们会对我说“我都不知道该不该跟你说这些，因为我担心倒霉事会落到我头上”。我会鼓动他们要兴奋起来，要为自己取得的成功大声喝彩（甚至仅仅有成功的可能性也行）！就是单纯地祝贺自己，让自己开心一下，享受当下的快乐。为什么不这样呢？实际上你根本就不会损失任何东西！即便你期望出现的结果并没有如期出现，但是你已经感受到了前所未有的快乐，这难道不值得欢呼吗？

如果你已经获得了巨大的成功，拥有了超乎想象的幸福生活，那么请你千万不要吝啬，请尽情享受快乐、品味愉悦吧！享受快乐，并把快乐的气息广泛散播，能让你散发人性的光辉。你可以充分沐浴世间温暖的阳光，每时每刻享受生活的喜悦。你值得拥有这美好的一切！

我们可以从两岁的孩子身上获得一些启发。我记得当我的女儿安娜贝拉两岁时，她喜欢为所有的事物喝彩。这也是我作为安娜贝拉的妈妈最开心的事情之一。喝一杯牛奶果汁？她会拍着手唱欢快的歌曲。自己爬完了所有的台阶？她会高兴地欢呼“我做到了！”有一个可以陪玩的小伙伴？他们会一起转圈跑并快乐地跳起舞来。我们难道不可以为更多的事情欢呼雀跃吗？当我们确认自己中了彩票时难道不值得欣喜若狂吗？让我们从安娜贝拉身上取取经吧，开始关注我们赢得的一切，关注一切让我们感到开心的时刻。

## 挑　战

把你已经拥有的值得喝彩的事物一一列出来。现在请你在欢乐的浪花中肆意翻腾！我们应该主动寻求开心，就好似已经发生了什么好事儿一样。我们应该寻找一种模式化的庆贺方式，为那些潜在的成功喝彩，为各种幸运的收获喝彩。诸如下面的美好时刻都应当铭刻在心：出去吃了一顿丰盛的庆功晚宴，跟你的母亲谈天说地自我吹嘘，给自己送一束鲜花，或者简单地来一次泡泡浴。

现在让我们在家里做做下面的练习吧。

- 假想一下你真正站在了世界的顶端，有了一次巅峰体验，给自己一次肆意狂欢的机会。
- 你可以为想象中的巅峰体验描绘出更多细节，同时进行一下自我反省，问自己几个问题：你在那个时刻对未来会有怎样的感受？你是否做好准备要征服世界了？你是否感受到了无比的欣喜？你是否感到自己与外部世界的关系无比和谐？绝大多数的人都会说在他们的巅峰体验中充满了快乐与激情，对自己的未来感到信心满满，兴奋无比。我们可以承认这样的事实：我从来没有看到一个正在举行婚礼的人、刚获得一块奥运金牌的人或者站在欢迎队伍中的人，会因为担心不久的将来有倒霉事儿发生而在脸上挂满愁容，是不是？
- 注意，当你允许自己充分享受快乐感觉的时候，你就会被更多的快乐所包围，快乐就会如雨后春笋般纷纷冒出来！

### 我敢断言

就算是一条并不显眼的好消息也值得我为之欢呼，因为我知道它会给我带来更多的快乐！

没有什么比满腔的热情更有感染力了，它可以撼动巨石，让野蛮人变得优雅温顺。热情承载着真诚的精神，坚守真理必须要有热情的支持，否则便无法获得成功。

——爱德华·布尔沃·利顿

英国政治家，剧作家

# 谎言29号

我必须要付出代价。

## 真　相

假设你不费吹灰之力就能获得成功，你的人生会是什么样的呢？假设你天生就拥有为所欲为的权利，那么你的生活会是什么样的呢？我知道这听上去有点荒谬，但事实就是如此，我们根本不需要辛苦地付出，别人告诉你的生活方式通常只是他们按照自己的人生观和价值观进行选择的，但是你可以走自己的路让别人说去吧。你可以成为幸运儿：一切美好的事物都可以神奇地降临到你的生活中。

西恩娜一贯认为自己必须要一步一个台阶地付出辛勤的汗水才能有所收获，就像爬梯子一样，每一步都只能爬上一根横档。

她认为一步跨越几个台阶的做法是投机取巧、自欺欺人的。毕竟她生长在一个注重实践的家庭中，受到了潜移默化的影响，尊崇脚踏实地奋斗的人生观，而且她也确实一直以这种人生观作为自己生活的指向标。可问题是她并不快乐，她对于在一家大型律师事务所当律师并不感兴趣，在这里她根本不能充分发挥自己的实力，只能慢慢积累能量，她一直想找到合适的机会跟自己所信任的合伙人一起开办属于自己的律师事务所，由合伙人出资帮她筹备有关开办律师事务所的各种事项。不过她心中的小恶魔会从中作梗，不断提醒她需要为开办新的律师事务所付出沉重的代价，必须要努力奋斗才能为人生赢得新机会，除此之外别无他法。若是不经过艰苦奋斗就能获得成功，那将是超级幸运、超级神奇、超级不可思议的事情。

作为西恩娜的生活导师，我深知自己的任务就是让她摒弃这句“我必须要付出代价”的谎言，让她相信并不一定要历经坎坷才能走向成功。我们一起揭示了一个事实，那就是这句谎言在她过去的生活中产生了多么恶劣的影响，使得她在追求成功的道路上困难重重。她终于准备好了要甩掉这句谎言的消极影响，要做一名真正的幸运儿。西恩娜开始觉得自己仿佛不费吹灰之力就能获得想要的东西，她可以凭借自身的魅力轻松获得成功，让好机会自己找上门来，让好运总是如影随形。她以飞跃的姿态完成了人生的三级跳，把新的律师事务所风风火火地办起来了！

## 挑　战

通过回答下面的问题来解析一下自己有关“必须付出代价”的人生信条，在回答问题时只需要用“是”或“否”即可。

- 我必须要为自己得到的一切付出代价。（如果你回答“是”，那么请你从前面提到的西恩娜的故事中吸取点经验，思考一下怎样才能转变自己的行动理念，让成功来得更轻松些，而不必经过太辛苦的打拼。）
- 我讨厌那些被天上掉下来的馅饼砸中的幸运儿。（如果你回答“是”，那么你需要思考这种想法怎样阻碍了你成为幸运儿。你应当借鉴别人成功的经验，由此激发出自己的灵感。然后大胆说出下面的话：“我已经做好准备迎接天上掉下来的馅饼了！我想要的东西肯定会轻易得手！”）
- 有些人是幸运的，有些人就没那么幸运了，而我就是不幸运的队伍中的一员。（如果你回答“是”，那么你需要给自己收集一些证明自己幸运的实例。制作一个“幸运列表”，体验一下自己的人生有多么美妙。我们的生活中总会发生些幸运的事情，我们总有被好运围绕的时候。也许你在爱情方面很幸运？也许你在金钱方面很幸运？也许你会很幸运地避开祸事？也许你会很幸运地拥有不少好友？）
- 我觉得毫不费力就能得到些什么是件不错的事情。（如果你回答“否”，那么我建议你挑战一下自己的人生观，从今天开始试着接受“不费力也能获得成功”的观点吧。试着接受不用努力争取也能获得恭维和称赞；试着接受不用刻意减肥也能甩掉赘肉；试着接受一个新朋友的邀请去欣赏芭蕾舞剧。简单直接地接受——不要问这问那了！）

- 走捷径就等于欺骗。（如果你回答“否”，那么你是时候该走走捷径了。其实在生活中有很多捷径可以走。你可以先从小处着手，试着借助高速公路抄近道，或者让你的助手帮忙拟定报告的初稿等，面对任何事情当你想问“我真的可以那么做吗?”的时候，你都可以通过走捷径来做到。）

关注一下你的人生信条在哪些方面削减了自己的喜悦感和成就感，然后试着接受下面的观点，看看自己的生活会发生哪些转变。

**我敢断言**

我在这里可以大胆宣称，生活中一切的美好事物都可以轻松拥有，我可以赢得幸运之神的眷顾，以轻松优雅的态度享受人生。

谁告诉你一定要尽最大的努力扭转不利局面呢？其实你不需要付出太多代价就可以获得成功。

——凯莉·坎贝尔

美国作家，演说家，关于减缓经济压力的专业医师

# 谎言30号

如果我不知道该怎么做，我就不能获得成功。

或者表述为：

为了实现我的目标，我需要知道应该怎样做。

## 真　相

为了赢得成功，你需要明确自己的目标，并且要坚信自己可以实现目标。在你确定了目的地以后，并且真正相信自己能够到达该目的地，然后你就可以满怀激情地上路了，你可以欣赏途中的风景，感受通往成功之路的快乐。不过这个“怎样才能获得成功?”的问题经常会阻碍我们怀着美丽的梦想前行。你应当在大踏步前进的时候不受制于理性的行动计划，应当遵循内心的真实需求，让你的梦想挥动翅膀，在浩瀚的天空中尽情翱翔!

描绘一个这样的情景：我正陪着九个月大的小女儿玩耍，突然接到了一个专治白蚁的公司的电话。我们被告知要花费大约

25000美元来修葺我们刚买的房子。这真是晴天霹雳啊！电话那头说的是：“你们的整栋房子都被白蚁吞噬了，现在支撑房子的不过是被白蚁侵略过的泥灰而已。”而且要解决这个问题还得和这个专治白蚁的公司合作七年才行。噢，我的天哪！你们说这是一件多么让人抓狂的事情啊！我该怎样面对这七年的时光啊！除了我的居住环境问题，我手头还有别的问题，我心里还有个想法，希望召集一些志同道合的女性朋友办一个系列电视节目，让广大女性有机会了解各路女中豪杰，像玛丽安·威廉姆森、马尔奇·西莫夫、萨克、莉萨·尼克尔斯等。我已经用了超过十五年的时间读了有关这些著名女性的故事，并且从她们身上学到了很多东西。可是我只不过有一个大概的想法，却一点也不清楚该如何实现我的想法。

因此，我既然不知道该如何着手启动有关工作，我就只有本能地按照一贯的做事风格开始行动了。我把女儿安娜贝拉丢给她一脸惊愕的父亲，然后带着莽撞与笨拙冲向了理想的小山坡，希望能赢得山顶的胜利果实。起初，我的目标是要厘清思路、明确计划。我辛苦地奔波，心急火燎，企图激发出有价值的思想火花。到后来我终于想出了一个电视系列节目的名字，并且确定了下一步该怎么做。于是一个名为“女强人系列故事”的电视节目诞生了，然后我开始给所有值得尊敬的女强人发邮件，告诉她们我所开创该电视节目的初衷，并邀请她们参与节目的录制工作，跟广大女性朋友们分享自己的成功经验。我去网上搜索相关的信息，把联系到的著名女性的资料制作成表格——做这一切工作的时候我都没有丝毫的犹豫，根本没有给心中的小恶魔拖我后腿的机会。结果怎样呢？我的整个生活发生了翻天覆地的变化……我成了很多女强人的朋友……我的收入变成了原来的三倍之多……我如愿以偿地开始对周围的世界产生了不容忽视的影响……最后我终于完成了本书的写作。如果我允许心中的小恶魔喋喋不休地向我提出“怎样”的问题（你打算怎样做这件事？你打算怎样联系这些专家？你打算怎样创建自己的网站？你怎样运用科技手段实现你的目标？），那我肯定会因此而放慢前进的脚步，甚至一度会止步不前，你们今天也就看不到这本书了。（而且，那些白蚁肯定也会把我的房子给吞噬掉的！）希望你们从我身上吸取一些有益的经验：开始行动时不要犹豫不决，要遵循内心的真实需求，迸发出灵感与热情，引导自己进入下一个步骤。一切会顺其自然地发展，结果自然会如你所愿。

## 挑　战

- 开始先保证给自己有10分钟的思考时间，考虑清楚自己到底想要什么，最想要什么。但是不要问自己“怎样”的问题。
- 尽情释放你的灵感，展开想象的翅膀。你的设想是什么？有什么感受？你对周围的世界产生了什么影响？允许自己构建宏大的梦想。

- 然后你就可以走出谎言，按照心中的真实想法前进，追求自己的梦想。走过雄关漫道，越过重重困难，徒步远行，一步步接近你的目标。夜晚在进入梦乡之前你可以再思考一下自己应该如何让梦想变成现实（你的潜意识会帮你制订下一步的行动计划，一觉醒来你就知道该怎么做了），或者你去泡泡澡，让温暖的水流刷洗自己的身体和灵魂，这有助于补充你的精神能量。
- 你要坚持的原则就是遵循内心的真实需求，以内心的真实想法指导自己的行为。你只需要知道下一步该怎么做就行了，而不必考虑得太长远，非得一次性把后面所有的步骤都考虑齐全，现在就赶紧行动吧！
- 让灵感指引你发现下一步该怎么做，然后就大胆去做！

## 我敢断言

我相信我的灵感和眼光，我会用内心的真实想法作为行动的指南，我知道一切有关“怎样”的问题都会迎刃而解的。

障碍物就是当你的眼睛不再盯着目标时所看到的东西。

——亨利·福特

美国实业家，福特汽车公司的创始人

# Chapter 4

# 第四章

关于金钱的谎言

金钱，这个词汇可以和梦想、梦魇甚至歌曲联系在一起。（现在我的脑海里就浮现出一首著名的金钱之歌——你现在是不是也可以哼出一首金钱小曲儿呢？）我们赋予了金钱相当多的力量和意义。我们孜孜不倦地贪求更多的东西，同时又会因为自己真的得到了更多而时常生出恐惧感、挫败感或愧疚感。赚钱与花钱在我们的生活中总是令人徒增不少烦恼，而且一说到金钱这个话题就少不了掺杂上各种谎言。

还有另一种可能性。我也想不出比我的朋友玛丽更好的实例了，她是一个聪明上进的女商人，资产规模并不是很大，她信奉佛教，懂得平衡好自我生活与赚取金钱之间的关系。她会首先保证积蓄能让自己过上舒适的生活，能让自己安心地退休，而不会大大咧咧地把钱花在不必要的地方。她以这种生活方式支撑着她的信仰，她坚信自己会拥有一个美好的未来。她会分别设立不同的账户来存钱，每个账户都用来单独支付专门的高端消费。例如，她想搞个厨房改革，或者去喜马拉雅山脉过三个月的隐居生活等。她在实施这些耗资巨大的人生项目时总是面带微笑，因为她已经提前为这些项目准备好了充足的资金。她还喜欢把纯利润的10%拿出来赠予那些她认为值得付出的人或组织，如果有人启发了她的灵感，或者某些团体组织值得她信任的话，她会毫不犹豫地为之花钱。实际上她曾经让我惊讶了一次，那就是仅仅因为我能够坚持做真实的自己，她就赠予了我100美元。你知道我当时有多么高兴吗？我都有点飘飘然了！她并不是一个时常挥霍钱财的人，她每个月都全额偿还信用卡。

对于玛丽来说，她在管理钱财方面恪守的原则也跟她在自我反省时所遵循的原则一样，那就是她从来不强求自己把每一件事都做得完美无缺，不过她会坚持把功夫用在平时，让自己的每一天都过得有板有眼，并且活得很自由惬意。玛丽给金钱灌入了一些意义和价值，对于她来说，金钱是可以流动的东西，她拥有的金钱总是绰绰有余，金钱几乎就是她生活中的一个小小方面。换句话说，她的银行账户跟她的自我价值一点关系也没有。

我们内心的智慧女神深知我们也可以成为玛丽那样的人。我们可以嫁给精神财富丰裕的人，我们的幸福生活跟银行账户的收支平衡无关。因此，让我们一起跳入黑暗混沌的金钱深渊里，再重新回到清新明亮的世界，让我们的生命之花绽放得更加绚烂多彩！

## 谎言31号

金钱是万恶之源。

或者表述为：

有钱人都是贪婪和邪恶的。

金钱只会带来麻烦和冲突。

### 真　相

如果你总是对金钱怀有消极抵触的情绪，那么你在潜意识里已经让自己远离了财富。你不希望成为自己鄙视的那种贪婪和邪恶的有钱人，可与此同时你又希望自己能拥有更多的财富，变得更加富裕。你对待金钱的态度十分矛盾，前一秒钟你还坚定地认为自己非常需要金钱，接下来的一秒钟你又觉得追求金钱的想法应该遭到谴责。仿佛金钱已经成为你十分惧怕的男朋友，你想要它又不敢让它跟你的关系过于密切。你这种混乱又矛盾的想法会将你置于纠结痛苦的境地。因此，现在是时候该清理一下你的思路了，你应该纠正自己的金钱观，树立积极健康的财富观，这样你才能获得更多的财富，并且不会让自己因为追求金钱而变得痛苦和迷茫，你要成为一个快乐的有钱人！

珍妮特是一位非常有天赋的发型师和化妆师，可是她的金钱观却很消极混乱。当我们谈论有关金钱的问题时，她所秉承的信念有些消极，而且是根深蒂固的，她对于财富心存恐惧。在她看来，如果拥有了金钱和财富，那就等于要变成一个邪恶暴虐和冷漠无情的坏人。不过只要我们解除了她的恐惧心理，纠正了她对于金钱和财富的错误看法，我们就能够让她以平和的心态看待金钱和财富，秉持积极的金钱观，这样她才能与真实的自我需求贴得更近。她心中的智慧女神正在努力让她坚信这个全新的生活理念："我赚到的钱越多，我对这个世界的贡献就越大。"她开始关注那些财富累累的公众人物的故事，看到他们做出了积极的改变。她发现自己在收集大量事实证据来支撑"财富是一种积极的力量"这一观点时，也很轻松地为自己创造了更多的财富，赚到了更多的金钱。她的工作职位得到了提升，信用评分大大增加，所有的债务都还清了，而且她还开设了一个专门用来储蓄的账户，因为她的手头更加宽裕了。她甚至还拿出自己收入的5%捐给慈善机构。这一切都反映了她的人生观发生了翻天覆地的变化，她的生活轨迹也跟过去完全不同了，我非常高兴她树立了正确的财富观，而且她还在为自己的生活乐章创造出更多的和谐音符。

## 挑 战

你应当思考一下有关金钱的问题，树立积极健康的金钱观，正确看待金钱的得与失。请按照下面六个步骤来思考问题。

- 评估一下你的家庭财务状况。看看你的家庭理财情况是不是值得大加赞赏？抑或是不足挂齿，理所应当就是这样？还是一直没有让你满足，让你一直在追求更多的财富？你会把家里的财富看成是邪恶的东西吗？
- 你在什么情况下才会觉得自己很富有？拿出一点时间试着体验一下当个富人是什么感觉吧。看看你的生活中已经拥有了什么能让你觉得富有的东西。也许你会因为拥有了三五好友而觉得自己很富有，或者因为拥有了一定的权力、美满的家庭、生命的能量或者宝贵的幽默感？
- 审视一下自己对待金钱的态度。当有人跟你提到有关金钱的话题时，你会做出怎样的反应？你会感到心里像有什么东西被揪了一下吗？你会在脸上露出一个迷人的微笑吗？
- 写下你对金钱的认识和感受，在此基础上来决定应该重新树立一个什么样的金钱观。问问你心中的智慧女神，看看她有什么建议——对你而言最有益的金钱观是什么样的。
- 制作一个有关金钱的观点链。（这个练习活动是由亚伯拉罕·希克斯创立的。）在一张白纸上写下1～7共七个数字。在数字1后面写下你目前所持的有关金钱的观点。在数字7后面写下你心中的智慧女神希望你能坚持的对你最有益的金钱观。然后在这两条观点之间填充各种观点，以致最后你能把自己现在所持的金钱观与希望坚持的最有益的金钱观连接起来。这样你就拥有了一份改进金钱观的行动计划书了。以下为你呈现了一些有关金钱的观点链。

1. 金钱是万恶之源。
2. 不是所有的金钱都是出自坏人之手。
3. 金钱也可以成为行动的能量。
4. 当我拥有很多金钱时我会觉得很高兴。
5. 有时候我也可以成为有钱人。
6. 我有能力去创造更多的金钱。
7. 金钱是我生活中不可或缺的一部分。

- 最后，你需要做的是每天坚持一个观点。先从第一个观点开始。（这非常简单，因为这本来就是你一贯坚持的观点。你一直对此持肯定态度。）你需要收集一些事实依据来证明这个观点是准确无误的。第二天你需要坚持第二个观点，需要收集一些能支撑这个观点的证据。照这样依次进行下去，一直到第七个观点，这是你最希望坚持的金钱观。通过七天的努力，你已经实现了既定的目标，你可以秉承全新的金钱观去体验生活的乐趣了。

## 我敢断言

你可以继续坚持用七天的时间来练习有关金钱的“观点链”，巩固你的金钱观。

为你想拥有的东西高唱赞歌吧！

——HUNA PHILOSOPHY

# 谎言32号

只要我拥有足够的金钱，我就可以随心所欲了。

或者表述为：

当我变成富人的时候，我就会变得开心快乐了。

## 真 相

现在我们已经把消极的金钱观转换成积极的金钱观了，我们还要确保自己不落入另一个谎言的陷阱中，那就是“有钱才有快乐”。金钱只是一个可以让我们过上好日子的简单条件，我们的物质生活需要有金钱来做保障。但是金钱怎么可能解决我们所有的问题呢？根据注册理财规划师标准委员会给出的数据，有将近三分之一中了彩票的人最后都破产了，而且还纷纷宣称中彩票给他们带来的麻烦和苦恼远远多于快乐和幸福。

当我们对“有钱就等于有快乐”持赞同的态度时，就意味着我们会感到失望，而且最终会变得低迷消沉，失去了生活的原动力。我们会感到困惑与迷茫，感到无助与彷徨，于是我们想创造更多的财富也变得难上加难。结果就是我们进入了一个恶性循环。

## 挑 战

审视一下自己的人生蓝图，看看你对财富的追求和幸福快乐的生活之间有什么关联，抑或是毫不相关。把你过去十年的经历从两个方面做一份记录。在这份记录中，用一条折线代表对财富的追求，另一条折线代表对幸福生活的体验。在人生的每一个阶段都用数字1～10来表示你对财富和幸福生活的满意度（1=非常糟糕，5=一般，10=非常棒）。

- 现在：你对于自己的幸福感打多少分（1～10）？对你的财富情况打多少分（1～10）？
- 2年以前：你对于自己的幸福感打多少分（1～10）？对你的财富情况打多少分（1～10）？
- 7年以前：你对于自己的幸福感打多少分（1～10）？对你的财富情况打多少分（1～10）？
- 10年以前：你对于自己的幸福感打多少分（1～10）？对你的财富情况打多少分（1～10）？

然后把你的答案记下来，标注在折线图上，你就可以有一份直观的图示了。下面就是一个例子。

幸福感和财富情况折线图

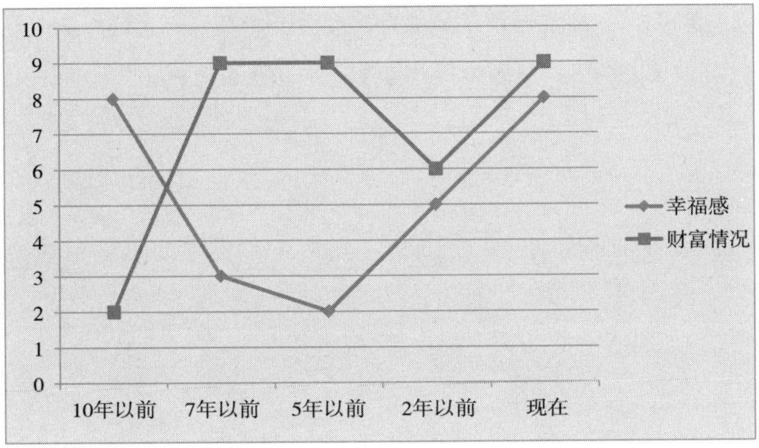


请回答下面的问题。

- 你发现了什么？你的幸福感真的与财富情况有关吗？
- 在什么时候你同时拥有了财富和幸福感？你知道其中的原因是什么吗？认真思考一下在你同时拥有财富和幸福感的时期，你都做了些什么有意义的事情。这段时期是你心中的智慧女神发挥作用的黄金时期，你的人生闪耀着智慧的光芒。想想你在这段人生的黄金时期都做了些什么才能取得物质和精神方面的双丰收，把它们一一列出来。

## 我敢断言

在我的人生之路上，我可以快乐地实现物质和精神双丰收，我可以充分享受赚钱带来的乐趣。

成功并不是一个固定的路标，达到了就可以止步不前了。成功是一种精神境界，可以陪伴我们一直行走在人生大道上，让我们懂得享受美好的生命之旅。

——亚历克斯·诺博

美国作家

# 谎言33号

*我永远不会满足。*

## 真 相

这个问题我们已经讨论过了，人们普遍都认为自己还应当追求更多的东西，绝不应该安于现状。不过我们也可以改变一下人生观和价值观，不再纠结于自己是否应该做得更好，得到更多，而应该关注当下的生活，享受现在，欣赏自己每一段人生旅程上的风景。

当你努力爬到了一座山的顶峰时，你会发现前面还有一座山等你去攀登，远远望去，层峦叠嶂，连绵起伏，你何时才能到达最终想要的高度呢？现实生活就跟爬山一样：前方总有更多的山峰等你去攀登，但是我们可以在艰苦跋涉中体会快乐，激发热情，从容优雅地欣赏美景。祝贺你走过了人生的一座座里程碑，你可以充分品味收获的乐趣，为了你已经拥有的一切欢呼吧！

## 挑战

你的下一个奋斗目标是什么？要想快乐地爬到下一座山的顶峰，你需要做些什么？为了做好启动快乐人生之旅的准备，请试着完成下列练习。

- 立足于你自己的观点，把你当前所关注的事物一一写下来。把你认为目前生活中值得欣赏和赞美的事物全部列出来。
- 然后把你下一步希望实现的目标列出来。你相信在下一个要攀登的山峰上有什么值得你去追求的东西呢？
- 在你看来，下一座将要攀登的山峰上有什么比你现在所拥有的一切更值得去追求的东西吗？
- 你可以不慌不忙地从现在就开始想象自己已经登上了下一个山峰，得到了想要的东西。
- 在你的镜子上或者车里贴上一张警示条，时刻提醒自己前面的山峰上有你想要的东西，然后就可以向着你人生的下一个里程碑前进了。
- 最后，你可以享受攀登山峰的过程了。

## 我敢断言

在这条充满了乐趣的人生之路上，我永远不会满足，我只会渴望得到更多！

如果我们顺其自然地去追求更多的东西，懂得珍惜和欣赏已经拥有的东西，我们就会发现自己的奋斗潜力是无穷的，我们可以凭借超出自己想象的生命的能量去实现更多的梦想。我们所拥有的东西会越来越多。

——琳恩·图斯特

美国活动家，演说家，作家

金钱之魂研究所的创始人

## 谎言34号

我一事无成，一无所获。

或者表述为：

我不会赚钱，我注定永远不会发达。

### 真 相

没有人敢说你天生是个“一事无成”的人。事实上，你与生俱来的权利就包括过幸福快乐而又富裕的生活。难道还有更强大的外力可以把你带入痛苦绝望的境地吗？

关键是你要走出这个认为自己一事无成的谎言，不能萎靡不振，不能踏上消极的土地——这可是你心中的小恶魔居住的地方。在小恶魔看来，一张尚未偿还的账单就意味着你命中注定是一个落魄不堪的家伙，你永远是一个穷光蛋。请你不要理会小恶魔的谎言，把目光投向心中的智慧女神，这并不是一件困难的事情。我希望你不要再收集实例来证明你是个诸事不顺的人，证明你注定不会飞黄腾达。相反，你要努力收集证据来印证心中的智慧女神所说的话才是真理。

## 挑 战

拿出一张白纸，在上面绘制四列表格。从左边起第一列写下有关金钱和人生的最让你头疼和惧怕的十件事，这最能体现你消极的人生观和金钱观。在第二列中，你需要自问："要实现这些目标会承担多少风险？"这会让你心中的小恶魔接到通知跳出来对你横加干涉。在第三列中，请列出来相反的证据。在最后一列，你需要记下从心底生成的崭新的人生理念。

下面呈现的是一个简略的表格示例。

| 最惧怕的事情 | 实现目标会承担的风险 | 相反的证据 | 崭新的人生理念 |
|---|---|---|---|
| 我经常因为金钱的事情而痛苦纠结 | 根本不可能 | 我经常会在走投无路的时候出现转机，我的家人或者朋友经常会伸出援手借钱给我 | 我总是能源源不断地获取金钱 |
| 孤独地死去，破产，没有人爱我 | 基本没有风险 | 我有很多可以带给我惊喜的密友，我有一个十分爱我的姐姐，我有一份长期健康保险 | 我的人生将充满美好可爱的事物，我会给后人留下有价值的遗产 |

## 我敢断言

过开心又富裕的生活是我与生俱来的权利。

在生活中能够心想事成的捷径就是要在当下保持快乐的心情！这是能给你带来金钱和其他一切你想要的东西的最快方法。

——邦达·拜恩

电影《秘密》导演，图书《秘密》作者

## 谎言35号

我花的比挣的多，我喜欢提前消费。

或者表述为：

我喜欢用信用卡透支消费，然后在晚些时候去还信用卡。

### 真　相

我主张用积极的思维方式和行为方式来证明我的生活态度，关注生命中有意义的事物，但这并不意味着我主张非理性的消费方式，我不想坚持不负责任的金钱观。有一种积极的金钱观是基于负责任的态度，一方面努力积累财富，另一方面以优雅自如的方式坚持自己的人生梦想，在这二者之间保持着良好的平衡。这种平衡状态有利于我们获得更多的快乐、更多的金钱以及更多的自信。

我们背负的债务正以令人不可思议的速度增长着，这反映了美国政府的相关政策。“先购物后埋单”的超前消费观导致我们陷入诸多麻烦之中。就在我撰写本书稿的同时，我们的国家债务已经增长到14万多亿美元，而且在继续增长……

我曾经用这种超前消费观主导着我的生活。我总是让信用卡的账单越堆越多，认为自己一直处于“入不敷出”的状态，一直不能实现收支平衡。我曾经消极地认为自己就是个天生没有理财头脑的家伙，结果把自己真正的财富梦想给掩埋了。其实我是错误的，是我自己给自己挖了坑把梦想埋葬了。我现在再也不想继续错下去了，而且我希望能引起你的共鸣，激发出你的积极的金钱观。

## 挑 战

关于这个超前消费观的谎言我曾经跟我的密友及同事卡伦·拉索牧师做过深入的探讨。她是《金钱之钥》的作者，并因此而获过大奖，她很慷慨地准许我在这里与大家分享她其中一条成功的赚钱经验。

- 从你的生活中找出某一个跟金钱有关的急待处理的事项，并为之祈祷，保佑自己能处理妥当。这些可能是容易被你忽视或者经常耽搁的事情，如检查账簿的收支情况、偿还账单或者参与捐款活动等。
- 现在你要下决心把这些有关金钱的负担变成一种神圣的生活实践。要以负责任的态度处理金钱方面的问题，同时还要照顾好自己的生活。举个例子来说，如果你认为保持账簿收支平衡是个沉重的负担，所以你会刻意回避检查账簿，那么你可以先播放一首自己最喜欢的歌曲，点上一支蜡烛，然后再开始专注地做这件原本不喜欢做的事情。或者你曾经一再拖延不想给信用卡公司打电话去协商降低利率的事情，那么你可以穿上自己最中意的高跟鞋，点燃一些香薰，暗暗给自己打气，然后再拨打电话。

按照上述要求进行练习，目的是为了转变你的思想态度，不要把跟金钱有关的事情都看成是生活的负担，而要看成是一种承载着祈祷与祝福的美好愿望。如果你能做到的话，奇迹就一定会出现。

### 我敢断言

我有充分的自尊和自爱，我对金钱持负责任的态度。

许多自认为精神境界很高的人往往感觉金钱会玷污他们纯洁的精神世界，金钱跟精神层面的东西是格格不入的，为了保持自己的精神纯洁无瑕，他们会忽视金钱，结果往往是为了追求纯洁而导致了贫穷。而事实并非如此。你完全可以从精神和物质两个层面上变成富人！

——卡伦·拉索

作家，关于创造财富的精神导师

# Chapter 5

# 第五章

关于爱情和人际关系的谎言

爱是我们人类最渴求得到的东西。爱可以表现为多种形式：有浪漫的情爱，有父母的慈爱，有朋友间的友爱，有兄弟姐妹间的关爱，当然，还有自尊自爱。想一想你的人生中有没有过一次特别美好的巅峰体验，就在那个时刻你感受到了真正的快乐与幸福。这种巅峰体验一定是源于伟大纯洁的爱，在那个时刻你肯定心怀对于大自然的热爱，或者是源自内心深处的生命能量。这种巅峰体验也许跟你的自尊自爱紧密相连，也许你会在生孩子的时候体会到，也许你会在跟爱侣坠入爱河的时候体会到，也许你会在结交了最知心的朋友时体会到，也许你会在得到了父母与兄弟姐妹的亲情时体会到。爱就是一份内涵丰富、形式多样的礼物。这也是你心中的智慧女神的立足之本。

人类作为高级动物，与一般动物的区别就在于我们有人际交往的需要，我们的生存发展离不开社会性交往。即便是那些极其内向和孤独的人们也需要关爱和人际沟通。毋庸置疑，有关爱与人际交往的问题导致了我们的人生充满混乱和迷茫——因为这对于我们的确很重要。

阅读本书能让你学会奉献爱和收获爱。有些事物是很明显地富有爱的意味，还有一些事物则是隐藏或暗含着爱意。我们要识别那些阻碍爱意传播的谎言，要在实践中通过不断学习和练习建立起积极的自我价值观，构建和谐的人际关系，从而让自己懂得如何充分表达爱和接受爱。

请你认真深入地观察思考下面将要列出的诸多有关爱的谎言，看看哪些是你一直深信不疑的。然后试着接受挑战，做做相关的练习，你就能走出谎言，触摸真相。这是我真正希望看到的结果：你要坚信自己是可爱的，是讨人喜欢的。现在是时候该让你学会如何把爱纳入内心并把爱再传播出去了！

# 谎言36号

我需要借助外力成就完整的自我。

## 真 相

无论你是相信自己的确需要一个男人、一个浪漫的爱侣，还是为了让自己成为完整的女人而生孩子，这些都是错误的。你的人生是否完整完全取决于你自己。

就算我们已经懂得欣赏歌曲、诗歌、电影以及制作美丽的祝福卡，但是我们还是会受到传统观念的影响，认为只要没有爱人或者孩子等在世俗观点看来是必需的要素就依然不算拥有完整的人生。想想那些关乎浪漫爱情的影片，无一不在传播着这种“我需要借助外力成就完整的自我”的谎言，电影《甜心先生》就是一个典型的例子。或者看看那些渴望通过生孩子来使自己的人生更完美的女人，如娜佳·苏莱曼，她因为生了八胞胎而被众人熟知，现在已经是14个孩子的妈妈了，她每天都在为照顾好14个孩子而辛苦打拼着。

我觉得我非常幸运，有一个值得尊敬的丈夫和一个心爱的女儿，我的人生很幸福完美，但是我并不认为是丈夫和女儿成就了完整的我。我一直认为自己的完美人生完全取决于我个人的努力，而且我深知若不是我在事业上的出色表现和我一贯坚持独立自主的信念，我绝不可能有魅力吸引到优秀的爱人和我共同生活。然而在不久以前，我也经常觉得自己不够完美，人生还不够完整。那个时候我正跟前男友住在一起，我认为是他在各个层面上成就了我的完整。我们深深地坠入了情网，我的自我认同感完全来自于他，我对他极度依赖。我的感受就是只有跟他相爱、跟他在一起才能让我变得更完美。结果这种想法极大地影响了我的自我价值和自我评价，降低了我的自我认同感，以致到最后我们俩之间的关系已经走向了不健康的状态，我最终无法忍受而选择了分手。我觉得自己十分孤独，非常失败，太不完美了。所以我真切地希望你能跟我一起接受下面的挑战，铲除自己内心根深蒂固的错误观念。

## 挑　战

让我们来见证自己到底有多么独立能干吧！给自己办一个庄

重的仪式，增强一下自信心。我先是认真阅读了萨克的名作《有趣的狂野女人》，它深深震撼了我的心灵，我的人生因此发生了巨变。

- 第一，我希望你能把自己坚守的人生信条一一列出来。要保证坚决不能自暴自弃，不能妄自菲薄。你要坚信自己是完整的，不管你有没有浪漫的伴侣，有没有可爱的宝宝，也不管是否有什么人阻碍你走出谎言，你都应该大胆展示自己的人格魅力，做到自爱自强，相信自己可以成就完整的自我。
- 第二，把你展现自我的方式一一列出来。这可以督促你用自己的人生信条指导实际行动，并且有利于监督自己的言行是否偏离了既定的轨道。你可以用这些方式来坚持自尊自爱的信念。你能保证每月拿出一个晚上的时间跟自己约会吗？你能保证自己每天都享受营养丰富的物质和文化生活吗？你能保证自己每个月都能获得几个或大或小的奖项（实现或大或小的成就）吗？
- 第三，找一种标志性的东西（信物）来作为你的人生信条的标识。可以是一个戒指、一条项链、一块爱情石，或者是一张体现你快乐心情的小贴画——包括任何可以象征你的完美人生及人生信条的东西。
- 第四，给自己办一个隆重的仪式，向世人宣称你是独立完整的个体。我是跟两个要好的女性朋友一起在马里布（美国加利福尼亚州著名海滩）搞的仪式。我们都穿着漂亮迷人的礼服，宣誓了自己的人生信条，彼此之间做了见证，面对我们的信物默默为自己祈祷，祝贺自己成为独立完整的女性。

### 我敢断言

在接下来的三十天里，请你每天对着镜子大声说出自己的人生信条。

我不喜欢我自己，我都快被我自己搞疯了。

——梅·韦斯特

美国演员，传奇式的性感女星

# 谎言37号

追求独立就意味着要走向孤独。

## 真 相

主张独立并不等于要变得孤独。事实上，当你盲目从众、站在一群人中却没有自己的独立思想时才会觉得更加孤独。更坏的情况是当你躺在爱人的身边却莫名地生出一种孤独感，这就更是糟糕透顶了。你要学会独处，学会独立思考，学会自主行动，你要懂得给自己留出时间和空间进行简单的自我反省，这是人生中很重要的事情。每当我遇到一个正在努力寻找浪漫爱人的客户时，我都会建议她应该先关注自己，先做自我反思，让她分辨清楚独立自主跟孤独寂寞是两回事。一旦她能以平和的心态独立面对人生，那么她对生活的热情将喷涌而出，同时也会接纳更多来自外界的关爱。“若要人爱，必先自爱”，你的自尊自爱会吸引他人更多的关爱。

## 挑 战

下面的挑战练习都是为了发掘你的潜力，让你意识到自己有多么优秀。不要把时间浪费在体验孤独上，要多多体验什么是自爱。试着用下面的方法激发自己的能量吧！

- 自我认知：你坚持什么主张？要了解你自己喜欢什么和不喜欢什么。想想最近有什么吸引你眼球的事件或话题，想想最近你正在读什么书或者看了什么电影等。问问你自己：“我有什么想法？”“我持什么观点？”以此来发掘自己到底喜欢什么，有哪些东西是自己并不在意的。从而对自己有一个初始层面上的了解。
- 要有自发性，要活在当下：你要专门拿出属于自己的一天时间，扪心自问：“我今天到底想做什么呢？”然后去做自己想做的事。或许你想舒服地睡个午觉？或许你想去健身房锻炼一下身体？或许你想泡个澡？或许你想写封信？或许你想完成自己的艺术作品？
- 自我欣赏：每星期都把自己身上最值得欣赏的东西写下来，做成列表，要养成自我欣赏的习惯，加强自尊自爱。
- 收集证据：每星期都要收集证据来证明你是多么优秀，

证明你有强大的吸引力，能够得到众人的认可。把这些证据做成列表贴在显眼的地方（如橱柜上、汽车的仪表盘上、浴室的镜子上等）。

### 我敢断言

我是自己最好的朋友。

我很欣赏自己这种独特的气质……独立自主。

——莉莉·汤姆林

美国影星，喜剧演员

# 谎言38号

*我为我爱的人担心不已，*
*这说明我正深爱着他们。*

## 真　相

你不可能在同一时间做到既能担心某个人又能深爱某个人。你的任务是去好好爱你所在乎的人，而不是去为他们担心。我经常会把这两种情感混淆，想当然地认为这两种情感是密切联系的，而实际上爱和担心却承载着相反的意义。爱是源自你的内心和精神世界，源自积极的信念和信仰。担心是来自恐惧、焦虑和消极的信念，会阻碍生活热情的产生。因此，你怎么可能同时体会爱和担心这两种截然不同的情感呢？

在我的女儿安娜贝拉刚出生的时候，我不得不学习怎样把自己每日每夜的担心（有时甚至是每分每秒都在担心）转化成对她的爱。当我第一次把她抱进家门，一种强烈的焦虑感涌上心头，一连串的担忧冒了出来：“她还在正常呼吸吗？”“她吃的奶够不够？”“她怎么打了这么多喷嚏？”我必须要做出决策——我到底是要当一名焦躁不安、忧心忡忡的母亲，还是要在实践中逐渐学会爱孩子，坚持积极的人生信条。我开始学着关闭我的“忧虑情绪”，集中注意力向女儿表达我对她的爱。每当我感到有焦虑担心的情绪开始浮上心头，我会立刻有意识地选择转变情绪，多想想这样的话：“我爱我的女儿。”“她是如此聪明活泼、朝气蓬勃。”“我喜欢她笑起来的样子。”“我相信她是安全的。”因此，下次当你感到要陷入忧心忡忡的泥潭时，请记得主动转换情绪，自己给自己加油鼓劲，你会感觉浑身充满了爱的力量。

## 挑　战

在脑子里想一个你爱的人。先让自己为她生出片刻的担心，看看这种担心会给你带来什么样的反应——也许你会觉得胸口有些憋闷，你的身体有点儿发抖，你的拳头在紧握，或者你的脉搏在加快。现在，请你转换情绪，体验爱的感觉。这种感觉好多了吧？你会真正感受到兴奋与激动。想想她那迷人的微笑、甜美的声音和闪闪发光的双眸，你会产生积极的情绪共鸣——也许你会不自觉地浮现笑容，你的心扉逐渐打开，或者你的肩膀彻底放松下来。下次当你开始要为某个心爱的人担忧时，请记得把注意力转移到对他的爱上，要用积极的爱来代替消极的担忧。

### 我敢断言

我可以把我的焦虑和担忧全都转化成平和而有力的爱。

担忧就像一把摇椅，它仿佛可以摇晃着带你去向某处，而实际上却不能带你去到任何地方。

——由沃尔特·拜克导演的国家讽刺电影

《留级之王》中的台词

# 谎言39号

如果你爱上了某个人，

你就必须要心甘情愿为之做出牺牲。

## 真 相

为某个人提供帮助是对其表达爱意的一种方式，但是为之提供帮助和做出牺牲是截然不同的，二者之间存在着巨大的差别。跟我一起共事的同伴梅丽莎·麦克法兰（一位优秀的生活导师）给了我很多有益的启示，她认为一旦你误入歧途，把自我牺牲当成表达爱的方式，你就会走进一条铺满了抱怨和怒气的道路。但是，如果你只是为自己所爱的人提供帮助，你只是从某个方面奉献出真挚的情感，而不是勉强自己耗尽全部的能量去照顾或迎合他人（你甚至会因为这种积极的表达爱的方式而感到快乐又充实，即便需要自己做出妥协和让步也会感到无比开心），这才是真正的爱。

从表面上看，为爱人提供帮助和牺牲这二者之间的区别并不明显，这个问题关乎你的情绪、感受，还与你付出的热情和努力有关。你需要了解自己在力所能及的范围内可以做出多少努力而不至于透支体力。因为人生总是充满了变数，你到底能提供多少帮助以及付出多大的努力都是在不断变化的，而不是一成不变的。

举个例子来说，如果你最近刚经历了一次大的人生变故（如离婚、换工作、买房子、生孩子、教育一个问题少年等），那么你为所爱的人付出努力的热情肯定不会太高涨，因为你不得不把注意力都放在自己身上，你要努力为自己争取生存的空间。这时候你需要变得“自私”一点儿（参见“谎言15号”中有关“自私”的探讨，你会获得更多的感悟）。如果你因为不断地付出而感到心中充满了怨恨，压力越来越大，觉得自己是个可怜的受害者，或者你发现自己不停地在做自我批判，忍不住要给自己的表现打分，这说明你已经在做自我牺牲了。

不过，若是你正处于一个良好的生活状态，心里感到踏实平和，充满生活的热情与灵感，那么你很可能已经准备好要为他人提供帮助了。通常情况下这是去做志愿者或者向朋友伸出援手的最佳时机。你在付出的同时还会感到浑身充满了力量，这说明你正在为他人提供帮助。

## 挑 战

你在什么情况下会觉得自己是个牺牲者？你在什么情况下会觉得自己精疲力竭？请你做个列表，把所有让你做出牺牲的人或情境都一一列出来。

举个例子，假如你的母亲病了，因此你想尽量每天都风尘仆仆地跑去看望她，或者你的一个从高中时代就很要好的朋友因为被女朋友抛弃了而每天晚上给你打几个小时的倾诉电话。现在请你就这两种情况回答下面的问题："你可以为母亲或者好友提供怎样的帮助呢?"

对于生病的母亲，你可以跟自己的兄弟姐妹们商量一下，制订出一个照顾母亲的时间表，减少你自己去看望母亲的次数，保证每周去两次即可。当你开始执行新的时间表时，你会发现尽管自己去看望母亲的次数比以前少了，但是你每次去看望母亲的行为却变得更加有意义了。也许你可以利用之前去看望母亲的时间给自己做个头发，去一趟健身房，或者整理一下家中的花园——任何能够让你的生活更加充实的事情，要保证你的付出是有价值的。

对于整晚打电话跟你倾诉的好友，也许你可以在打算上床睡觉的时候果断挂掉他的电话，这样你才能有充足的睡眠，让自己在第二天能精神焕发，然后在你认为状态不错的时候给他回电话，以便给他提供更有价值的帮助。

制订一个从做出牺牲到提供帮助的行为转变计划表。先列出你正在做出牺牲的事项，然后回答一个问题：“你可以提供怎样的帮助呢？”

### 我敢断言

当我真正为他人和自己提供帮助时，我感到浑身充满了力量，我非常喜欢这种热血沸腾的感觉。

如果我不能为我自己而活，那么谁还会为我而活呢？

——希列·拉比

犹太学者

# 谎言40号

这都是别人的错。

或者表述为：

别人应当受责备。

## 真　相

一味去责备别人比自己承担全部责任要简单得多。不过生活总是祸福相依的，为了创造出你想要的一切，你就必须正视自己所犯下的错误，尽管你不想犯错误。在某种程度上说，犯错误和受责备也是人生的一份礼物，因为这可以让你保持警醒，不能任由自己推卸责任。与其一味责备别人，不如退一步审视一下自己，反省一下自身的状况，重新唤醒你内心的能量和生活的热情。

比尔曾经是个把自己的错误都归咎到妻子身上的人。日复一日，年复一年，他固执地认为自己在事业上的失意都是因为妻子的错，认为自己的体重超标问题也是妻子造成的，认为自己处于财务困境也是妻子的责任——因此他不断地指责妻子。我试着引导他意识到一味指责妻子只会降低他自己对生活的热情，在这种充满抱怨的思想指引下他只能消极地等待妻子做出改变，而他的生活在妻子做出改变之前并不会有丝毫的改变。在我让他做完下面列举的几项练习以后，他发现自己生活得一点儿也不开心。最终他意识到了只有他才拥有改变自己生活的能力，于是他开始觉得自己对生活和爱人都充满了激情。在工作、健康、财务和婚姻生活方面，他都给自己制订了行动计划。当他重拾信心散发生活热情的时候，他发现自己的人生开始有了戏剧性的变化，一切都在向着好的方面发展。他唯一的遗憾是没有早一点结束那个只会责备别人的生活游戏。

## 挑　战

下次你再想抱怨别人的时候，请试着做做下面的练习吧。

- 首先，做个深呼吸并进行自省，思考一下是什么原因导致自己生出这么大的怨气。举个例子来说，因为你的工作搭档掉了链子导致你在项目截止日期之前没有完成任务，所以你责备他：怎么能不按照团队约定认真完成分内工作呢？
- 然后，帮助被你指责的工作搭档激发出工作热情，也许他是因为家里的事情耽误了工作，可能他正在为自己十几岁的儿子伤透脑筋。这样你再看他的时候就不至于把他看成是一个大坏蛋了。

- 现在，想出一个可以增加工作热情的办法。下一步你打算做什么呢？也许是时候该跟你的工作搭档推心置腹地谈一谈了，要坦诚地说出你的想法，强调一下你对按时完成项目的重视程度，如果没有如期完成项目你会感到多么的沮丧。也许你还得跟老板提出申请，请他充分体谅你们工作团队的实际情况，平衡一下各方利益，再重新制订一个可以如期完成的项目截止日期。

现在你已经成功地激发出了自己的潜力，并且提升了自己的人际交往能力（友情提示：下次你在进行自我责备的时候也可以用这个步骤解决问题）。

**我敢断言**

保持生活的热情是释放怨气的关键，我就是一个很棒的充满激情的人。

我的信仰就是要心存善良。

——佚名

# 谎言41号

如果我选择了原谅，我就懂得了宽恕。

## 真　相

选择原谅会让自己的灵魂得到放松。这是一个可以让你体会什么叫作心态平和的好机会。如果你选择了原谅，这并不意味着你只是宽恕了自己的或他人的行为，更有意义的是你已经决定让错误随风而逝，让自己轻松前行。我们可以给予自己和他人的最棒的礼物之一就是宽容。

有一个来自南非的发人深省的故事宣扬的就是有关宽恕的主题，真相和解委员会对该故事进行了创编，主张身处种族隔离地带的受害者和施害者双方都应当一起了解这个关于宽恕的故事，寻找原谅对方的方法。真相和解委员会的主席大主教德斯蒙德·图图曾经说过：

“不再一味惩罚与报复，这个新的国家选择了忏悔、原谅与宽恕，尽管这条道路十分艰难……当我们得知那些曾经饱受苦难的人民试图努力吼出对施暴者的仇恨并选择用宽容的心原谅他们的时候，我们感到无比的愉悦和欣慰，我们看到了一种高尚的情怀……人之初，情本善，我们原本都心怀仁爱，富有同情心，懂得关爱别人，乐于分享，爱好和平，宽容大度，追求卓越，向往真善美。”

我们都拥有一颗宽容的心。

## 挑 战

有关宽恕的系列问题如下。

- 有没有需要你宽恕的人呢？请你诚实地回答自己是否已经做好了要宽恕别人的准备。如果还没有做好准备，那么请你扪心自问：“为了做好宽恕别人的准备需要做哪些工作呢？”如果可能的话请你采取下列行动：给你准备宽恕的对象写一封言辞恳切的信，表达出自己内心的真实感受（即使对方已经不在人世），或者你直接打个电话要求对方给你道歉。或许你需要接受一种全新的价值观，让自己变得更加宽容大度。我们要多从对方的角度出发考虑问题：“他已经尽力了，就他掌握的信息而言也只能做到这种程度了。”通常我的客户能够这样想的话也就比较容易原谅他人的过失了。

- 你有没有需要原谅自己的地方？要深入思考一下：或许你一直对自己多年前犯下的错误耿耿于怀，你需要对自己宽容一些，下定决心原谅自己。有时候把你的错误写在纸上再把纸烧掉是个不错的办法，或者你可以进行一次宽恕自己的远足，到大自然中去散散步，放松心情，原谅自己曾经犯下的错误，不要陷入自责中无法自拔。
- 你有没有想得到谁的宽恕？就让本小节的内容成为一针催化剂，促使你去寻求他人的宽恕吧！道歉永远为时不晚。

**我敢断言**

我可以很优雅、很轻松地原谅我自己，并宽恕他人。

我们不可能成为万事通，你可以努力了解一切并宽恕一切。

——托马斯·阿·肯培斯

德国中世纪天主教修道士

# 谎言42号

*如果我们的关系是建立在性的基础上，*
*那么这种关系倒是很容易建立起来的。*

## 真　相

在绝大多数长期稳定的人际关系中，性关系扮演了重要的角色，发挥的作用不可小觑。让我经常感到惊讶的是，我们内心的小恶魔会不断促使我们在一夫一妻制的社会大环境中纠结于到底应该让性关系在婚姻生活中占据多大的分量。为了维持长期稳定的夫妻关系，频繁的、随意的性生活并不是一个行之有效的办法。当然，在新婚之初，夫妻双方可能都不愿意把手从对方身上拿开，干柴烈火的情感可以理解，但是一旦蜜月期过完，双方的热情逐渐消退，日子开始归于平淡，那么要想维护好夫妻感情，最重要的就是要保证有规律的性生活。

我知道的绝大多数夫妻婚姻生活稳定幸福的人都会不断地进行夜晚约会（以便为和谐的性生活创造条件），感谢上天让他们一直能坚持下来。这对于夫妻生活是一种很好的营养品，有利于调剂夫妻情感。我们都希望能体验到性的美好。现在请关注我们的性健康，为和谐的性生活做点什么吧！

## 挑　战

跟你的爱侣一起制造和谐性生活的浪漫氛围，可以参照下面的建议设计一些情趣活动。

- 列出十个你最喜欢被对方抚摸或亲吻的身体部位（不包括生殖器）。要有点创意：你喜欢对方轻咬你的脖子吗？你喜欢对方摩擦你的后背吗？你喜欢对方挠你的脚心吗？
- 把每一个你想到的主意分别写在索引卡片上，然后把每张卡片对折，再放入一个大碗中。让你的爱侣也跟你做同样的事情。
- 在接下来的十个星期中，每周都互相抽取一张卡片并且按照上面写的去做。也许这一周要求对方抚摸肚皮，下一周就是挠头皮了！

### 我敢断言

开发这些情趣活动可以伴随我们终生，我们可以因此而感到情欲绵绵，活力四射，精力充沛。

在我们触碰到爱情的时候，每一个人都可以成为诗人。

——柏拉图

古希腊哲学家

# 谎言43号

我能够控制别人。

## 真 相

我们只能控制自己的行为。试图控制别人只会浪费自己的能量，通常到最后只会让自己陷入迷茫和失望。而且如果把自己的注意力都放在别人身上，就会分散自己的精力，不能更好地关注自己。这并不是说我们对他人不会产生任何影响，我们随时随地都在对别人产生影响，只不过当我们企图控制别人的时候就会流失掉许多自身的能量。

这里我要举一个特别好的例子来支持我的观点，那就是训练小孩使用便盆。小孩对于便盆的抵制告诉我们休想控制别人！当安娜贝拉两岁半的时候，我们开始了训练她使用便盆的艰辛旅程。我告诉你吧，我当初可是有百倍的自信可以教会她使用便盆的，我坚信我能控制得了她。而现在呢，任何当了爸妈的人都会用现实经验告诉你，你根本不可能教会你的孩子使用便盆。事实上，我越是想努力控制安娜贝拉，想训练她养成使用便盆的习惯，她就越是抗拒。我们之间的斗争非常激烈。当我终于意识到企图控制别人就是个谎言时，我顿悟了，决定走出这个谎言，事情也变得简单了。我对安娜贝拉举手投降了，决定不再强行训练她使用便盆了，而她也慢慢接受了便盆，知道怎样使用便盆了。我很谦卑地给自己上了一课！

## 挑　战

你想控制谁吗？要相信你企图控制的人（有时候你可能想悄悄地控制）最终会按照你的意愿发生转变，你会因此而感到快乐无比。

- 列出你最想控制的五个人。
- 准备一种积极的态度去面对你列出的每一个人。你喜欢或欣赏他们哪一点呢？你喜欢你的工作伙伴的处事风格吗？你喜欢你的大姑子笑起来的样子吗？你喜欢你的女儿倡导独立自主的精神吗？
- 列出一些你可以对这些人产生积极影响的方法。你想让你的丈夫变得更重视健康吗？你想帮助你最好的朋友从低迷的情绪状态中走出来，重新燃起希望之火吗？请你先把注意力放回到自己身上，为自己积聚能量。

- 在你跟前面列表上的想控制的人打交道之前，先提醒自己多想想他们的可爱之处，想想自己都喜欢他们哪一点，然后花点儿时间思考一下你该怎样引导他们朝着你喜欢的方向发展，而不要一味地试图改变他们。
- 最后，你要下定决心正式宣布投降，坚决不再企图控制别人了。我和克里斯汀·阿里洛在引导学生们参与激发人生智慧的活动时，要求大家充分展开臂膀，再交叉双臂，同时大声吼出下面的句子：“我在这儿对__________（填上一个人名或者一种情况）做出让步了！”然后我们再让学生们长喊一声“啊”或者长呼出一口气来彻底放松自己。反正只要对你放松身心有用即可。

你会发现，你越是更多地关注列表上的人的可爱之处，你就越能为自己积聚能量；你越是更多地对他们做出让步，你就越能体味积极的生活态度，你就越不想控制他们。

**我敢断言**

我可以引导人们展现出他们最棒的一面。

我们企图让他人发生转变的一切做法——

打着“都是为了他们好”的旗号，最终都会归于失败。

我们应当努力引导启发他们进行自我转变，

否则我们试图改变他们的做法实际上都是阻碍了他们的转变。

他人对我们莫名其妙的抵制都深深隐藏在我们所能轻易看到的表象之后：如果我们不做点什么，那么一切的人和事将不会发生任何变化。

——阿丽艾拉·麦卡锡

俄美作家，演说家

## 谎言44号

如果你真的爱我，那么你应该知道我到底想要什么和需要什么。

或者表述为：

你应该能读懂我的心思。

### 真 相

一个男人爱上某个女人并不意味着就能够读懂她的心思。你怎么能奢求让你的爱人确切地了解你到底想要什么呢？这里有一个美丽而又不太现实的故事画面，在许多书本和电影中都出现过：一个男人在恰当的时候拿出了一份让他的女人惊喜不已的礼物，这份礼物恰恰是女人毕生都在追求的东西，她却从未对男人讲过，这一直是她心底的秘密。这种完美的故事情节绝不是现实，请你醒醒吧！现实的情况是，当你告诉别人你想要什么时，你就给了对方一个对你表达尊敬与爱意的机会。学会怎样把你的需求表达出来，与你的爱人进行沟通，这是帮助你们建立和谐健康关系的关键。请你先给自己一份礼物吧！那就是能让对方认真倾听并尊重你的想法。

我的父母特别了不起的一点就是经常让我自己来决定怎样过生日或者假期，让我把自己的心愿都列出来。我在孩提时代经常会花费很长时间来把自己特别想实现的愿望做成列表。让我思考自己到底想要什么，这是一件相当美妙的事情。当期待已久的“大日子”终于来临的时候，我会欣喜若狂地打开礼物，眼睁睁地看着自己列表上的愿望一一实现，感觉快乐极了。我能从父母的脸上看到他们的高兴之情，因为他们给了我真正想要的东西，他们跟我一样开心无比。

随着我们年龄的日益增长，我们会认为精确地表达自己的愿望会使得满足愿望的过程过于简单，在价值方面大打折扣，这是为什么呢？难道说让我们清楚地说出自己想要什么会或多或少降低我们在实现愿望后的欣喜指数？我们会因为得不到惊喜的礼物而感到失落吗？

詹妮弗认为她的搭档乔伊应该自动知晓她什么时候难过伤心或者什么时候疲劳不堪，乔伊当然应该知道在什么时候给她安慰和鼓励。她意识到自己有很多说不出来的痛苦埋在心里，有很多该说的话在脑子里盘旋着没有说出口，这大大影响了她的人际关系。当她终于决心不再幻想让别人读懂她的心思时，她开始感到有了说出自己真实想法的勇气，她可以告诉别人自己真正想要什么，而且很开心地接受别人给予的东西。现在她会在一瞬间的犹豫和彷徨之后选择给乔伊打电话，直截了当地表达自己的想法：

“亲爱的，我今天心情糟透了！这真是可怕的一天！你能对我说说我有多么优秀吗？你能对我说说我正在做着一份多么出色的工作吗？你能对我说说我到底有多么漂亮可爱吗？”乔伊会热情满满地做出回应，用最恰当好听的话及时为詹妮弗送上鼓励与安慰，因为她已经确切地知道了该对詹妮弗说些什么才会让她感到舒服一些，才会真正给她提供支持。

明确地提出要求，让别人知道你想要什么，并且去得到你想要的东西，这是一件鼓舞人心的好事。别再幻想着别人都能读懂你的心思，要给自己找回小时候过生日的感觉：先提出愿望，再实现愿望，得到自己想要的东西是一件多么高兴的事情啊！

## 挑　战

你会用什么样的方式隐藏自己的真实需求，并且等待别人去读懂你的心思？填写下面的空格，找出答案。

### 关于一般的人际关系

我希望别人能够获知藏在我心中的秘密愿望是：__________。

如果人们能够真正了解我，那么他们应该知道____________对我而言十分重要。

________________让我很抓狂。

我的秘密爱好是______________。

人们经常忽视我的是___________。

## 关于爱人

我希望我的浪漫爱人能够停止__________。

我希望我的浪漫爱人能够开始__________。

我特别渴望得到的惊喜礼物是__________。

我正在等待我的爱人做________________。

## 关于工作

我希望我的老板能了解我的________________________。

我在工作中尚未得到满足的最大要求是______________。

现在请你对前面的这些信息进行归纳分析，然后变成各种请求并向别人提出来。不要羞涩或敏感，不要再试图通过给别人暗示来让其关注你的想法。请直接大胆地表达出你的愿望，说出你想要什么。也许刚开始的时候你会觉得有点尴尬，但是我敢保证你会觉得越来越容易做到。你可以直接提出自己的要求：“我有一个要求，你能不能……”要表达清晰，不要言之无物。这里有一些例子供你参考。

- 你能不能按时参加我们的会议？
- 你能不能在今年情人节时送我一束白色玫瑰花？
- 你能不能在我坐车的时候不要开得那么快？
- 你能不能给我史密斯的账户？

你可能会遭到拒绝，当然你也会得到肯定的回答。当你得到别人的肯定答复以后，你会感到无比的开心，因为你可以实现自己的真实愿望，得到自己真正想要的东西，而且你还会看到接受你请求的人是多么的满足与欣慰。

## 我敢断言

我可以满怀欣喜地提出要求，并且心怀感激地接受礼物。

你坚信能实现的愿望最后一定能实现，正是你坚定的信念促成了愿望的实现。

——弗兰克·劳埃德·赖特

美国建筑大师

# 谎言45号

我有能力救助/操纵他人。

## 真 相

我们只能对他人产生一定的影响或者启发，而不可能救助他人，他们只能进行自我救助。我们心中的小恶魔总是喜欢把我们引入歧途，让我们相信如果能够设身处地为别人着想，即让我们跟那些陷入痛苦、悲伤、沮丧、气愤等消极情绪不能自拔的人以及那些贫困的人为伍，就能够拯救他们，带领他们走出困境。而实际上我们要想给他人提供有价值的帮助，启发引领他们走出困境，就必须先拒绝与他们为伍，要坚信旁观者清，从外围给他们提供精神支持，激发他们的潜力，相信他们能够进行自我救助。有时候你也会邂逅一些拒绝接受你的启发和引导的人，他们就像吸血鬼一样渴望吸干别人的能量，永不满足地让别人提供帮助。你一定要远离这种吸血鬼式的人物，把注意力放在自己身上，要照顾好自己。也许你会改变自己对他们的态度，停止对他们的关照和帮助。

## 挑 战

在你的生活中辨别出哪些人是想吸干你能量的“吸血鬼”？有谁是你经常想救助或操纵的人？有谁期待着你去救助他们？有谁让你感到耗尽了精力？请你下定决心改变自己，不要再把精力用在救助别人上，而要学会引导和启发别人进行自我救助。如果你做不到的话就干脆把这些人从你的生活中驱逐出去吧！你首先要做的是充分关注自己，照顾好自己，把你自己最感兴趣的事情放在首要位置。

### 我敢断言

我可以用自己散发的生活热情去感染身边的人……而且我所秉承的人生智慧可以保护我免受那些一味要求我给予帮助的“吸血鬼”的侵害。

对于那些身陷困境无法自拔的人，我心怀同情和关爱，我希望能给予他们有益的经验并支持他们自主走出困境，帮助他们成长起来。

——肯恩·凯斯

美国作家，演说家

## 谎言46号

如果我足够不起眼的话，别人就不会感到不悦或者嫉妒我了。

或者表述为：

出人头地不是件好事。

### 真　相

你应该展现最真实的自我，要允许自己散发耀眼的光芒，尽全力展现自己的智慧与魅力，让你心中的智慧女神主宰你的精神世界，并进而指挥你的行动。当然也有一些人经常对你心怀妒忌或者以消极态度看待你的出色表现，不过坦率地说，那是他们的事情，与你无关。即便你尽力掩盖自己的光芒，让自己尽量变得不起眼，这也不会让那些人感到好受一些。你应该以负责任的态度看待自己，允许自己为自己高声欢呼，允许自己体验成功带来的快乐。

现在让我们换位思考一下，从相反的方面来进行讨论。回想一下你上次嫉妒别人是什么时候，那会儿你心中的小恶魔是怎样让你痛苦难受的呢？你会不断地跟别人进行比较，然后发觉自己哪儿都不如别人。这意味着你还需要在很多方面做出努力才行。举个例子，你是不是嫉妒好朋友的曼妙身材？那你就会在这种嫉妒心理的驱使下努力减肥塑身，但是追求好身材的过程也是很痛苦的。你是不是嫉妒哥哥成为财富新贵？那你就会在这种嫉妒心理的驱使下努力赚钱。这就是嫉妒的真实本质——当你在嫉妒别人的时候，你的心里正隐藏着一种欲望，在这种欲望的驱使下你会为改变自己的人生而做出努力。嫉妒本身就是一种信号，它预示着你该做点什么了。同样的道理，当别人嫉妒你的时候，你要坚信这只是一种信号，预示着他们该去做点什么了。

关于如何散发人生的智慧之光，我们内心深处的小恶魔认为我们必须要让自己变成暴躁张狂的家伙才能展现自己的人格魅力，才能有强大的气场压倒别人。实际上，当你按照心中智慧女神的指点去散发人性光辉的时候，绝不是站在自私自利的角度来思考问题，你完全脱离了自我中心主义，而是用超然洒脱的态度去面对人生，心灵异常充实和豁达。你会感觉非常踏实，心态平和，与骄傲自大无关。你已经触碰到了人性中最华丽美妙的东西。

## 挑　战

- 首先，列出那些会让你习惯性收起锋芒的情境。

- 观察一下都有谁会经常性地出现在这些情境中。（是不是你正在和年幼的弟弟在家中玩耍？是不是你正在和那个喜欢抱怨的工作搭档一起共事？）
- 注意一下你收起锋芒的习惯性做法会对身边的人产生什么样的影响。你发觉他们会因为你收起锋芒而感觉更好一点吗？对于这个问题请你深思。你把自己的光辉故意掩藏起来就能帮助别人走向光明了吗？
- 现在请列出那些会让你绽放智慧光芒的情境。（要记得这跟自私自利和骄傲自大无关，这是把你内在的高尚情操进行外显的过程。）
- 观察一下都有谁会经常性地出现在这些情境中。（是你朝夕相处的爱人吗？是那个喜欢听你讲成功之道的萨利阿姨吗？）
- 注意一下你展现人格魅力的做法会对身边的人产生什么样的影响。他们会为你庆贺与欢呼吗？你积极热情的生活态度是否也感染了其他人呢？
- 你身上最特别的闪光点是什么？（是遭到别人的抱怨时静静地给出一个微笑吗?是站在舞台中央为庆贺自己取得的成就热舞一曲吗？是在徒步旅行时敢于竭尽全力大吼一声“是我”吗？）
- 很棒！最后，你需要选择一个通常会收起自己锋芒的情境，试着挑战自我，改变自己以往的行为习惯，充分展现你的实力和魅力，可以先试一次看看效果再说。

## 我敢断言

我可以为自己欢呼，我可以散发人性的光辉，我可以感染周围的人。我可以像太阳一样发出金色的光芒，我可以引领别人跟我一样散发光芒！

你最好坚持让自己拥有干净明亮的灵魂。你就像一扇窗户，你必须要通过你自己这扇窗户才能看到整个世界。

——乔治·伯纳德·肖

爱尔兰剧作家，伦敦政治经济学院创始人

# Chapter 6

# 第六章

## 关于真实自我的谎言

奥斯卡·王尔德（英国作家）曾经精辟地指出："你应该做你自己。其他人都已经是其他人了，只有你才是你。"我们花费了大量的时间、精力和金钱去努力把自己打造成别人的样子，让自己从外表形象到行动方式都像某个榜样，而不是展现真实的自我，尤其是当我们心中的小恶魔主宰我们思想和行动的时候，我们就更容易披上层层保护衣，把真实的自我当成脆弱易碎的东西藏起来，让外人难以见到。在我们内心深处的小恶魔会不断提醒我们注意保持沉默，不要轻易说出自己的真实感受，不要彰显自己的独特个性，即便要表达自己的真实想法，也只能小声嘀咕几句。我们从小就被心中的小恶魔引入了歧途，认为打破陈旧规矩展现真实自我远不如消极适应现状承认自己弱小无能来得轻松。

但是你心中的智慧女神却更懂得展现真实自我的重要意义。她知道能够做真正的自己才是有价值的人生。真实是无价的宝贝。当你能够真正为自己而活，为了实现自己的真实梦想而奋斗时，你会感到前所未有的舒心与快乐。当你把心中的智慧女神彻底唤醒时，你就会充分展示真实的自我。你将敢于解除社会传统的桎梏，冒着受到世俗观念攻击的危险，勇敢地扬起一面挑战传统的大旗，感受做回百分百的自己是多么的美好。这种感觉真是妙不可言呢！

这里要给大家呈现的是一些阻止你成为你自己的谎言，希望你能揭穿谎言，拥抱真实的自我，向世人展示光彩夺目的你。

## 谎言47号

*我最好能成为十全十美的人。*

或者表述为：

*我应该把事情做到完美无缺，*

*我必须得认同这一点。*

### 真　相

“十全十美”是可望而不可即的。让我再说一遍：“十全十美”是可望而不可即的。因为“十全十美”的意思是完美无缺，没有更好的了，已经是无可挑剔的了。每当我看到客户们陷入追求完美的泥潭无法自拔时，我就深知是时候该冲他们大吼一声“停止吧！”也许这能让他们不再痛苦与纠结，不再像上了弦的陀螺一样转个不停。为了达到无法实现的完美境地，我们经常小心翼翼，故步自封，生怕出现什么差池，每一步都怕走错，结果耗费了很长的时间却一直止步不前。还有更恶劣的情况，那就是我们甚至因为觉得自己无法达到十全十美的境界而根本不会有所行动，既然认为自己无法做到那就干脆不做了。

大多数人在追求完美的道路上都希望自己能取得最优秀的成绩，展现最有价值的人生，可是往往离自己想要的东西越来越远，那些期望得到的辉煌成就总是以我们不可控制的速度飘远。换句话说，完美主义者就是太在乎自我的价值感了，总是想向世人展现自己最完美的一面。他们经常孜孜不倦地追求A+的成就，可是结果如何呢？事实上根本就没有人在给你打分！以主持网络和电视研讨会而闻名的专家亚历克斯·孟多森说过："马虎草率的成功者要好过完美的平庸之才。"

苏珊就是个彻头彻尾的完美主义者，她顽固不化地认为自己应该努力达到十全十美的境界，结果这种追求完美的思想阻碍了她的行动，她成为一个做事拖沓无比的拖延症患者，让她完成一个项目必须要经过漫长的过程，因为她总觉得自己最后做出的项目成果肯定不够完美。她在开始行动之前就已经认为自己失败了。偶尔她也许会付诸行动，即便她艰难地决定开始实施某个项目，这个项目也不可能最终完成。

苏珊来向我求救是因为她感觉自己充满了挫败感，在这种追求完美的生活状态下，她觉得自己是个彻底的失败者。于是我跟她一起唤醒了她心中的智慧女神，解开了她的心结，让她走出了追求完美的谎言。真相是享受完整的奋斗过程比追求完美更为重要。苏珊开始认识到完成一项工作才能让自己感到更有自信，更加活力四射，所以我们一起制订了几项行动计划，让她试着去完成一些了不起的项目。尽管在起始阶段苏珊十分痛苦，因为她总是觉得自己走的每一步都不够完美，做得太一般了，让她再迈出下一步也确实是个不小的挑战。但是我不断鼓励她，给她坚持下去的动力，不断跟她强调完成一个项目的过程比追求完美的结果更为重要。现在我可以开心地告诉大家，苏珊已经完全解放了被完美主义禁锢已久的思想，可以充满活力地度过人生的每一天，浑身上下都洋溢着生活的热情。

## 挑　战

充分挖掘你被完美主义思想压抑已久的潜力吧！请试着完成下面的步骤。

- 作为一个完美主义者（即使你体内只有1%的完美主义的成分），你有何收益？你会有安全感吗？你会觉得自己永远正确或者控制着正确的方向吗？你会不会觉得整个世界都在密切关注着你，等着对你的成果挑三拣四，所以你不想完成手中的项目？
- 作为一个完美主义者，你有何损失？你会不会有孤独感？你是不是很少有时间陪自己心爱的人？你是不是患上了拖延症？（即有这样的想法：“如果我不能做到十全十美，我宁可不去做。”）你是不是丧失了去完成一项工作的信心？
- 还有什么比追求完美更重要的吗？勇往直前、追求进步，这是不是更重要呢？保持一颗快乐的心，这是不是更重要呢？打破完美主义的禁锢去展望世界，这是不是更重要呢？在世俗的价值判断中顽强地生存下来，这是不是更重要呢？触摸自己真实的想法，表达内心的真实感受，这是不是更重要呢？

- 一旦你确定了哪些是比追求完美更为重要的东西，请你在家里和办公室的各个位置都贴上提醒标签，时刻提醒自己别忘了什么是重要的东西。这些提醒标签上可以写有这样的内容："我取得的进步比追求完美更为重要。""我的快乐心情比追求完美更为重要。""我的自尊自爱比追求完美更为重要。""我的和谐家庭比追求完美更为重要。"那么，你的提醒标签上会写些什么呢？

  我把＿＿＿＿＿＿＿＿看得比追求完美更为重要。

  一旦你发现自己出现了完美主义倾向，因为想追求完美而导致你放慢了前进的脚步，那么请你做个深呼吸，看看这些提醒标签，然后你就会继续昂首前进。

- 请你试着不要再一味追求得A+，而是把C作为追求目标。我的好朋友也是我的同事萨曼塔·班尼特，她原本就是个完美主义者，现在她发明了这个方法，即一旦她的完美主义倾向严重了，开始疯狂地向着A+的顶峰攀爬，搞得自己精疲力竭时，她就会努力说服自己降低目标，把C作为追求目标——我深知这是个无比痛苦的过程，但是不管怎样也请你试一试吧！你可以试着把脏碗筷扔在水池里就去上床睡觉，把一些搭配起来并不完美的服饰一起穿到身上，把没有事先经过校对的邮件发给你的朋友。每个月都至少列出三条可以把原本要做到A+降格为做到C就可以的事项，有时候你不见得非要争做出类拔萃的好学生，做个C类学生也是个不错的选择。

- 注意观察，当自己开始变得不再追求完美，开始把C作为追求目标以后，你的人生发生了什么变化。你的世界末日来临了吗？你的好朋友都跟你反目为仇了吗？你的孩子们都被吓跑了吗？你会发现事实并非如此。

**我敢断言**

在你写下了“我把________________看得比追求完美更为重要”时，你已经给自己绘制了最理想、最美好的人生画卷。

是“C类”学生主宰着世界。

——哈里·S.杜鲁门

美国第33任总统

## 谎言48号

如果我________________，他们会讨厌我的。

或者表述为：

我想要别人都喜欢我，我可以取悦任何人。

### 真 相

我们是时候该把生活重心放在自我肯定与自我认同上了，而不应一味地取悦别人，为了得到别人的肯定而搞得自己疲惫不堪。自我肯定对于我们的幸福人生是十分重要的，这是可以引导我们享受有价值的人生的唯一方法。我们经常会努力求得别人的认可，而忽视了自我价值，现在我们应该把生活的重心放在实现自我价值、追求自我认同上了。

请相信我现在要说的都是我的经验之谈。我经常会为了取悦别人而刻意压制自己的真实想法和需求，我认为只有让自己委曲求全才能使别人感到高兴和满意，让别人都喜欢我和认可我。如果我觉得自己的言行举止会导致别人对我的不满和厌恶，那么我会情不自禁地紧张起来，因为我担心大家会因此而不喜欢我。我发现只有压抑自己的个性、隐藏自己的真实想法，才不会产生被别人厌恶的结果……其实原本就没有人会讨厌我，只是我自己杞人忧天罢了。

而且关于自我认同感的谎言通常还附加着一个前提条件，那就是我们想当然地认为自己可以控制别人对待我们的态度。我们认为如果自己做了某一件事就会让别人讨厌我们，而做了另外一件事就会让别人喜欢我们，这就意味着我们可以控制别人对待我们的态度，可以控制别人对我们的喜好程度。而事实上，我们根本无法控制别人对待我们的态度，我们怎么能左右别人的是非观呢？（你可以回顾一下“谎言43号”。）我已经发现，如果我们认为自己能够通过努力去控制别人的情感态度，那么我们的个性就会被压抑，很多发自内心的伟大想法就会被掩埋，世上的很多真理也就不能展现在阳光下了。人们这种担心被别人拒绝和厌恶的想法会阻碍自己的正常发展，偏离健康的生活轨迹。

我的一位名叫凯西的客户想开通一个艺术博客，她给我打电话说：“艾米，可是如果别人不喜欢我的画可怎么办呢？如果我的画作遭到了人们的猛烈抨击可怎么办呢？”我的回答是：“是呀，亲爱的，有些人的确会不喜欢你的艺术作品，有些人甚至会十分厌恶你的作品，这是事实。但是有些人会十分喜爱你的作品，甚至有人会认为你是个艺术天才呢！别人怎么想是别人的事情，这与你无关，而且你也左右不了别人的想法和态度。那么你需要关注什么呢？当然是你自己独一无二的艺术作品！你需要充分大胆地展现自己的艺术才华，表达自己的想法，激发自己的创作灵感。”听完我的话，她笑了，心情也变得轻松起来，于是她决心开始付诸行动。对于她而言，是时候该勇敢面对别人的非议了，不能因为害怕别人不认可自己的作品就放弃对艺术的热爱和追求。从某种程度上说，别人对你的批评和打击恰好说明你已经有了进步，你开始放开脚步往前迈进，不再畏首畏尾地蜷缩在一个自认为舒适安逸的圈子里，而是敢于冲破思维桎梏去冒险了。她现在已经勇敢地投身于一个巨大的复杂网络中，在其中既有十分喜欢和支持她的人们，也有不断提出质疑和批评的人们。我敢保证，只要她肯心无旁骛地勇往直前，就一定能在艺术领域取得令人瞩目的成就！

## 挑　战

请你回答下面的问题。

- 你在生活中的哪些方面特别在意别人的看法，需要得到别人的肯定？你在什么情况下会担心遭到别人的非议或打击？是跟工作有关吗？是关于创造力的吗？是有关学业成绩的吗？
- 由于担心别人不喜欢自己或者不认可自己，这会给你带来什么影响吗？会不会阻碍你向世人展示自己的艺术作品？

会不会让你不敢跟自己的工作搭档发表政治见解？

- 再把注意力放回到你自己身上，看看你有多么喜欢自己吧！根据你对自己的认可程度从1到10给自己打分（1=对自己完全不认可，10=对自己百分百地认可）。现在你对自己的认可程度有多少呢？你对自己做出的决策的认可程度有多少呢？
- 如果你在前面的打分少于10分，那么试想一下如果再增加2分的话你会变成什么样子？假设你给自己打了6分，那么想象一下打8分的话你会变成什么样子？假设你给自己打了7分，那么你要想达到9分的标准还需要做出哪些改变呢？
- 为了达到10分的标准，你还需要努力做出哪些改变呢？

祝贺你——你已经重拾自信，找回了属于自己的生活热情。你开始关注自我认同感了，好极啦！为你喝彩！

**我敢断言**

我十分认可我自己，我坚信自己总是能赢得最后一张选票！

你怎么看我是你的事情，与我无关。

——特里·科尔惠·特克

美国作家，鼓舞人心的演说家

# 谎言49号

如果我为人妻或为人母，
那么就会丧失自我。

## 真　相

人就像棱镜一样，在不同的情境下会折射出不同的颜色，在扮演新的角色时会呈现新的色彩。记得当我刚订婚的时候，我觉得自己马上就要嫁作他人妇了，就意味着我不能再做我自己了。我担心当我开始扮演妻子的角色时我就会变成另外一个人。突然之间我就要成为世俗观念中的已婚妇女了，我再也不是单纯的一个职场女性了。后来我慢慢明白了自己嫁人之后将会有怎样的角色转变，我不再认为做一个妻子就会像情景喜剧中演得一样，我潜意识中存在的有关“妻子”的概念也发生了变化。

我还见过很多期待做母亲的女性，她们因为即将扮演母亲的角色而焦虑无比。准妈妈们通常会陷入对一个问题的思考中，那就是她们如何改变自我，扮演好一个母亲的角色。而实际上对于每位女性而言，都有其独一无二的特质，做母亲的风格也各不相同，但是都会站在属于自己的舞台上竭尽全力扮演最棒的母亲角色。

## 挑　战

- 找出几张格子纸和一些彩色符号笔，在上面列出你所扮演的各种角色：女儿？姐妹？售货员？瑜伽皇后？艺术总监？
- 然后拿出一张干净的白纸，将其分割成大小不一的几块儿，从前面的各种角色中选取一个写在其中的一块白纸上，这样在每块白纸上都写有一个你所扮演的角色。
- 想一想你是不是更重视扮演某些角色，对某些角色投入的精力要多于其他角色。把这些更受重视的角色写在最大块儿的纸上。希望你能有点创意，并且从中找到乐趣。
- 想一想你是否有些特别乐于扮演却一直没有扮演好的角色。比方说，你是不是很喜欢参加晚宴派对等社交活动，却一连好几个月都没有安排出社交时间呢？抑或你是一位作家，却自从当了妈妈以后就没有再动过笔呢？

- 选择一个被你忽视的角色，然后在接下来的一个月内起码要认真思考三次该如何扮演好这个角色。也许一切顺其自然的想法对你而言并不会十分奏效，仅仅想做个热爱大自然的人也许太容易让你不求上进。所以如果你缺乏改变自己的动力，那么建议你适当增加点冒险精神，突破一下自我，做一个家庭野营计划或者带着全家去海滩度假。
- 现在是时候该重新做回你自己了！

**我敢断言**

我可以很高兴地对自己表示认可，我对自己的各个方面都很欣赏。我可以轻松自如地展现我的每一面。

当你跳出了蜷缩已久的安乐窝时，真正的人生才刚刚开始。

——尼尔·唐纳德·瓦尔施

美国作家

# 谎言50号

礼貌比真诚更重要。

## 真　相

如果你觉得为了礼貌可以掩埋真诚的话，你就该好好深省一下了。我在这里不是要讨论像说句“谢谢”“请”“恭喜恭喜”等礼貌用语这些普通的礼貌问题。我想说的是你怎样展现真实的自我比保持优雅矜持的状态更为重要。我见过很多由于过于看重礼貌而压抑了个性的人们。我们似乎从小就接受了有关行为方式的教育，让我们坚信保持有修养的外在形态比表现自己的真正个性更为重要、更有意义。因此，我们现在要倡导打破原来固有的思维模式，不要再把压抑个性的礼貌问题放在首要地位，而应该以真诚的态度对待自己和他人，要怀着一颗诚实的心去经营自己的生活，即使会偶尔表现出粗俗鲁莽，冒着这样的风险也不必在意。毕竟，如果别人都不能了解我们的真实状态，我们又怎能有机会体验并接受一份至真至纯的无条件的爱情呢？

梅是一名中学教师，她生长在一个把礼貌和修养看得高于一切的家庭。随后她就遇到了麻烦，因为她经常因为在礼貌和真诚之间纠结，倍感痛苦，而且时常被孤独感所包围。她不想与任何人产生矛盾，尤其是她的长辈们，她在工作会议上经常保持沉默，即使她有些非常棒的创意和想法也闭口不说。她在婚姻生活中也是经常拖着不拿主意，让她的丈夫做出决策，以免触怒了她的丈夫。她的这种为了固守所谓的文明礼貌而压抑真实想法的行为习惯阻碍了她的个性发展，也影响了她的职业成长，而且还在她和丈夫之间筑起了一道无形的墙，使夫妻之间有了隔阂。在我的帮助下，梅开始试着敞开心扉，向世人展示真实的自我。她意识到自己总是戴着一副礼貌的面具，所以无法百分百地展示真实的自己。经过几个月的努力，她开始敢于在喜欢的人面前直接表达自己真实的想法了。当然在开始的时候她很担忧，担心自己会显得太过鲁莽，但是一旦决心踏出第一步，就会带着冒险精神一步步地稳步向前，为了让别人了解真实的自己，即使偶尔鲁莽一下又如何？她开始直接告诉丈夫自己喜欢看什么电影，喜欢去哪家餐厅吃饭——甚至在丈夫提问之前就主动表达意见。她因为做出了改变在学校里成了人气很高的人物。她发现能够得到别人的认可是一件非常开心的事情，就算为此冒点风险也是值得的。

## 挑 战

通过完成下面的自我评估问卷（由生活导师、优秀的人类学专家里奇·鲁斯道夫创制）来审视一下自己到底有多么真诚。

### 真诚度自我评估问卷

用下面的这些问题来测量你最近的真诚度。根据你自己的情况给每道题打1～5分，1分表示题中的描述非常符合你的情况，5分表示非常不符合你的情况。

1. ________可贵的勇气。当我因为害怕遭到抛弃、拒绝、嘲笑、责难或失败时，我会勇敢说出自己的担忧之情。
2. ________活在当下。我正在体验当下发生的一切，而不会去关注过去或将来。
3. ________简单直接。我会把我的想法、感受、期望、判断、解释和假设都真实准确地表达出来，让别人知道我到底是怎么想的。
4. ________欢迎反馈。我以开放的心态接受别人对我的反馈与影响。
5. ________了解自己。我了解我的长处、价值、人生目标、做人底线和内在本质。
6. ________反应敏锐。我的行动和反应都很敏捷，无拘无束，没有保留，不涉及内部价值判断和外部压力。

7. ________不会刨根问底。对于未知的事物我不会追究到底，我会任由它去。

8. ________关注自己的意愿。我更关注事情的自然发展过程，而不是企图控制或操纵事情的结果。

9. ________修正自己早前的观点。我允许自己改变想法，重新定位之前的交流成果，增加一些澄清，或者解除之前的一些误解。

10. _______认可差异性。我以开放的心态看待各种与我相左的观点，而不会感到自己被冒犯了。

11. _______联系与再联系。我看得到每个人的价值，并且与他们在真诚的层面上深入交往。

12. _______收回个人规划。我对自己的判断和理解能力负责，我不太关注别人是怎么想的、怎么做的。

13. _______分享复杂的情绪。我会表达自己的复杂情绪，与人分享我的矛盾和茫然的情感，我可以坦然面对自己的矛盾心理。

14. _______明确我想做什么和不想做什么。我会强调我可以做我想做的事情的权利，即便这件事情听上去不太靠谱，或者根本没有成功的机会。

15. _______观察并做出选择。我知道世上存在着多种多样的观点，我可以按照我的价值观、需求和兴趣来做出选择，通过调整我自己的行为来适应不同的观点。

## 评分结果

15～30分：天才。你是典型的真诚坦率的人。

31～35分：有潜力。你对于自己的真诚度有着较高的期望值。

46～60分：不真诚。是时候该停止隐藏真实自我了，你应该让世界了解真正的你。

我希望你能挑战自己，勇敢展现自己最真实的一面，明确表达自己真实的想法、观点和感受，无论这个过程有多么复杂和艰难。在前面的问题中选出你的打分在3分及3分以上的题目，在接下来的一周内重点关注这些问题。例如，如果你给“修正自己早前的观点”这一题打了5分，那么你就应当在未来的一个星期里努力试着让自己改变想法，重新定位之前的交流成果，增加一些澄清，或者解除之前的一些误解。

### 我敢断言

我会很高兴做一个百分百真实的我。

爱上自己是一生浪漫史的开端。

——奥斯卡·王尔德

爱尔兰作家，剧作家

## 谎言51号

这点儿事可以容忍。

或者表述为：

这点儿事没什么大不了的。

### 真　相

我有一个关于“容忍”的哲学观点，那就是“提出要求或改变对方”。你可以对那些需要你容忍的事情/人物/环境提出要求，以便你能接受和容忍它（他）们，或者你可以采取行动改变它（他）们，例如你可以花钱聘请一个健身教练帮你塑造好身材，提交辞职报告准备跳槽，或者卖掉房子去填补财务亏空。

我们不要自欺欺人了：不管是容忍某些事情、环境还是人，都是要付出沉重代价的。一味地容忍只会让你自己丧失真正属于自己的思想观点，阻碍你去追求真正想要的东西。例如，每次你经过一扇该维修的破门，或者去做一份你讨厌的工作，或者假装无视你的朋友对你的轻视，你就会感觉到因此而生出的烦恼会挤占你宝贵的大脑空间。我经常建议我的朋友们尽量清楚大脑中的这些由于“容忍”而产生的烦恼，以便腾出更多的空间去思考那些自己真正喜欢的事情。他们在采纳了我的建议之后都十分惊喜地发现，这样竟然能重新唤醒他们沉睡已久的生活热情，再次散发出智慧的光芒。如果你按兵不动，那些总是需要你容忍的事情会越积越多，从带给你些许烦恼逐渐变成给你巨大的压力，最后让你忍无可忍地“火山爆发”了。所以现在你需要重视自己的个性需求，对那些需要你容忍的人和事物一一进行改造，通过“提出要求或改变对方”的途径来达到你的目的。

## 挑　战

你最近正在容忍什么事情？你是什么时候发现自己在忍受这件事情的？你为此有不舒服的感觉吗？你感到疲惫吗？

请你花1分钟的时间思考一下。审视一下你正在容忍的大事情：一种不健康的关系，一个乱糟糟的家，一个超重的身躯，一个讨厌的邻居。接下来再看看你正在容忍的小事情：一个还没完成的项目，一份索然无味的工作，一间肮脏的厕所，一堆不合身的衣服。

现在请你思考一下应该怎样改变这些状况，“提出要求”还是“改变对方”？“提出要求”的意思是你需要重建你的观点和态度。例如，如果你正在容忍家里乱七八糟的样子，那么你可以改变你对现状的态度，把你的家看成是最适合你居住的人间天堂。“改变对方”的意思是你需要采取行动改变客观环境。例如，如果你正在忍受没有意义的乏味婚姻，那么你可以去寻求婚姻咨询，或者直接做出艰难的抉择——去拟一份离婚协议书。

### 我敢断言

我可以展现自己接纳事物或改变事物的能力，可以为了追求真正的快乐生活而行动起来。

人们经常说时间会改变一切，但实际上只有你自己才能改变一切。

——安迪·沃霍尔

美国画家，电影人

# 谎言52号

我现在的感受等于以后的感受。

或者表述为：

如果我现在有挫败感，那么它将一直伴随着我。

## 真 相

我的好朋友日内瓦经常说这样的俏皮话：“我有着非常糟糕的记忆。每次情绪低落的时候我都认为自己的情绪将会一直低落下去！”实际上我们的情绪总是处于变化之中——每时每刻都在发生变化。当你遭遇失败和挫折时，你的情绪会很容易地落入低谷，尽管你只是在某一时刻、某一天或某一个星期有挫败感，但是你会认为自己将一蹶不振。

有时候我们会有这样的感觉，那就是如果我们说出自己的感受，这种感受就会固执地存在于我们体内，挥之不去。从某种程度上说，如果我们给自己一定的心理暗示，我们就再也不会沉浸在过去的感受中无法自拔。实际上一味地逃避并不是解决问题的好办法，逃避恰恰是导致我们无法走出挫败感的根源。让我们再反复强调一条：我们到底应该抗拒什么。能够让你走到生气、绝望、失落、悲痛、忌妒和害怕的对立面的唯一办法就是勇敢地面对。你需要正视这些消极情绪，敢于体验，敢于表达，甚至敢于爱上它们，然后你才能克服它们，解决自己的情绪问题。

“唤醒正能量三步走”战略的第一步就是向自己提出问题：“我内心深处的小恶魔在说什么？”这个问题可以帮助你了解自己的感受，了解自己正在以何种方式体验着各类情绪，看看自己把问题想得有多么糟糕，看看自己有多么低估自己，对自己有多么刻薄，还可以帮助你从黑暗的情绪角落走向光明的人生大道。不过我不会就此打住，我还会让你继续问自己：“我心中的智慧女神有什么看法？”由此你可以深入了解自己的真实想法，在更深刻的层面上挖掘自己的感受。最后一步是需要你在心中智慧女神的指引下把内在的情感体验外化为具体的行为姿态，每当你对自己重申智慧女神的观点时，都可以用某个手势或者是某种站姿来作为标识。

我们在进行生活指导时经常会说这句话：“恰恰是你想回避的东西决定着你的人生。”换句话说，如果你想远离愤怒、悲伤、失望等消极情绪，那么你就会花费时间和精力去尽量回避这些情绪，努力做到让这些情绪远离你的生活中心。你几乎不可能把时间浪费在绕着愤怒蹦蹦跳跳上，你会把更多的时间花在享受富裕充实的生活上。下面我们来探讨一下怎样才能让各种消极情绪如一阵风一样吹过你的人生，因此你将不必再心怀恐惧地刻意回避它们，同时你也将认识到所有的情绪都不过是暂时的，挥一挥衣袖让一阵风吹过，不会留下一丝痕迹。

## 挑　战

- 先看看你最害怕的情绪是什么。是生气吗？是暴怒吗？（对于女性朋友来说，对愤怒情绪的恐惧是十分常见的，因为我们女性从小女孩时代就被教育要尽量避免生气和暴怒，这是没有修养的。）也许对你而言最害怕的是悲伤的情绪，甚至是快乐的情绪。
- 如果你正在体验令你害怕的情绪，你最担心发生什么呢？你是不是在担心自己会一直处于暴怒的状态无法恢复平静呢？你是不是在担心自己跌入悲伤的谷底再也爬不上来了呢？你是不是担心自己在极度高兴的时候会发生不好的事情呢？（参见“谎言28号”）
- 如果你正在体验一种情绪，那么你认为将会产生哪些永远挥之不去的情绪呢？我们会很容易就相信，如果自己现在感到压力重重或者处于激动兴奋的状态，那么我们将一直处于压力之中，一直会激动兴奋不已。
- 下次你在体验某种情绪时，请先暂停一下，进行一下自省。看看你的身体是怎样产生并体验这种情绪的。请允许你自己打开心扉，勇敢地面对这种情绪。

- 轻松面对各种情绪的来访。勇敢地和愤怒情绪肩并肩地坐下来；把你的悲伤情绪当成初生的婴儿一样将其放入摇篮；欢迎压力的到来，接受焦虑感的折磨。一切顺其自然吧！
- 你会发现，越是不再排斥和抗拒那些令你害怕的情绪，你的恐惧感就越少，那些情绪也就消散得越快。

祝贺你，你已经在不知不觉中完成了增强自尊自爱的练习，你已经无条件地拥有了强大的自信心。

**我敢断言**

下一时刻的事情是由下一时刻做主的，也许和现在发生的一切截然不同——我期待着下一时刻带来的惊喜。

人生就是一家旅店，

每天早晨都会有新的客人到来……

欢迎和接纳所有的客人吧！

——鲁米

13世纪波斯诗人

## 谎言53号

我是个好女孩，我必须温和善良。

或者表述为：

我不可能说出破坏我形象的话。

### 真　相

破坏一个好女孩的形象是多么可怕的事情啊！毫无疑问，我们每个人从小受到的教育就是做个听话的乖乖女，我们被反复教导要认真按照大人的指示去做，一定要自律，守规矩，要温文尔雅，待人有礼。但是如果这些要求有悖于我们内心的真实想法可怎么办呢？如果我们撕破彬彬有礼的面具，尖声大叫“我再也不要这样了”，会怎么样呢？试着对自己说“嗯，这可不是件小事，谢谢你的理解”，会怎么样呢？如果为了展示真正的自己，遵循真实的内心感受，唯一的办法是让你放弃扮演乖乖女的形象，你会怎么做呢？请大声做出回答吧！

贝斯提是一名行政助理，她的婚姻不太幸福，但是多年以来她都压抑着自己的真实感受，不断进行自我安慰，以至于她自己都不清楚自己真正想要的是什么了。当我第一次问她“你到底想要什么”时，她奇怪地盯了我半天，仿佛我长了两个脑袋一样。因为她根本就没想过该怎么回答这个问题，她从来没想过该如何表达自己的观点和感受。她在家庭中的重心是满足丈夫的需要，在工作上的重心是实现老板的要求，可是唯独忘记了自己的个人需求，她从来都不会问自己到底想要什么。她为了时刻保持自己的乖乖女形象，已经得了“乖乖女综合征”了，经常会习惯性地端着优雅的架子，而把自己的个性需求和个人情感都放在了次要位置。而且她的身体健康也因此受到了影响（经常会因为“乖乖女综合征”衍生出新的问题）。据我分析，如果她再不停止这种强迫自己扮演好女孩角色的行为，她很可能会在不久的将来真的生病。于是我们开始进行下面的练习，让贝斯提学会怎样在工作中做回自己——不再因为老板焦急的催促令而加班到深夜；学会怎样在家庭中坚持自我——不再围着丈夫转，每周拿出一个晚上让丈夫自己照顾自己，她去外面会会朋友等。渐渐地，喜欢贝斯提的人越来越多，围绕在她身边的人不再仅仅因为她的顺从无主见而喜欢她，而是因为她的独立自主和有个性，她因此而感到非常快乐，她的食欲大增，并且开始在午休时间去户外散步。她的身体状况大大好转，无论从生理上还是心理上都变得更加健康。当我再次向她提问“你到底想要什么？”时，她的反应首先是表示十分喜欢这个问题。

## 挑　战

让我们走出肤浅的自我认知状态，不要以为表面上做个好女孩是头等大事，想要被众人接纳，更重要的是保持开放的心态，向大家展示真实的自己。

- 首先，我希望你能搞清楚你想要做个好女孩的思想根源在哪里，挖掘一下你心中最害怕和最担心的是什么。你最怕别人叫你什么外号？是“泼妇”？还是“要求苛刻的家伙”？要把你最害怕别人给你贴的标签找出来，激发出你的恐惧感或愤怒感。例如，你可能会说：“我最害怕别人叫我泼妇了，所以为了避免在别人眼里成为泼妇，我就持之以恒地扮演好女人的角色，无论付出什么样的代价我都必须坚持做一个优雅端庄的女人。”
- 然后，评估一下为了保持乖乖女的形象你需要付出多少代价。你是不是经常为了满足所有人的要求而没有时间考虑自己的需求呢？你是不是因为担心爱人骂你是个泼妇而勉强维持一份食之无味的婚姻生活呢？你是不是因为担心成为别人眼中刻薄的家伙而选择接受那些烦人的事情，并且假装这些事情并没有打扰你的生活？在这里你要本着真诚的态度来回答问题，一定要做真实的自己。
- 下面请你拿出一天的时间试着给自己贴上最害怕别人给你贴的标签。当你大胆做出自己害怕的事情后，精神上会有大解放的感觉，去体验一下吧！你可以在某一天选择做一名泼妇，冲着丈夫大喊：“你今天休想出去按摩却让我去接孩子们放学并且在家里看三个小时的孩子！”你还可以提出苛刻的要求：“我喜欢在土司的侧面涂满全麦酱，十分感谢。”

- 看看前面的练习对你会有什么影响吧。我所了解的真实情况是，如果你在过去的5年间一直保持着乖乖女的形象，那么当你以泼妇形象示人时，大家都会认为那是你自信泼辣的表现。
- 进一步做好巩固练习。你已经学到了什么有价值的生活理念吗？你希望在日常生活中做出哪些改变？要搞清楚自己到底想要什么，怎样才能遵循内心的真实感受，展示真正的自我。
- 最后，给你自己写一个“许可证”，特意放在某个显眼的地方，以便提示你按照许可证上列出的一些特殊的办法去打破你惯有的好女孩形象，不再端着架子拿腔拿调，而要努力去经营自己更真实坦荡的人生。

**我敢断言**

为了让大家听到我真实的声音，我愿意去冒险让大家看到我____________（填上在前面提到的你最害怕别人给你贴的标签）的形象。

诚实与坦率可能会让你变得脆弱。但是无论如何你都应该坚持做到诚实与坦率。

——肯特·M. 基思

美国作家，演说家

# Chapter 7

# 第七章

关于精神的谎言

关于人生有一个很大的问题需要我们认真思考，这个问题无关乎我们的日常生活，超越了各种琐事，是关于我们自身价值的哲学性思考，它引领我们思考自己到底是谁，什么样的我才是真正的自我，思考我们存在于世上的原因，思考自己存在的意义和价值，思考我们应该怎样与自己进行精神沟通等。当我们内心深处的小恶魔开始驾驭我们的精神，将我们送入混乱无序的心灵洞穴时，我们面临的挑战就出现了，无形的孤独感和压力感向我们涌了过来。在这种精神灾难的不断冲击下，许多我们深爱的健康的人们（甚至也包括我们自己）开始莫名其妙地出现了各种情绪问题和心理障碍，但是我们完全可以停止沮丧与绝望，尽管世上并没有超能量来帮助我们走出精神的阴霾，我们单打独斗也可以取得胜利。毫无疑问，要想分散我们的注意力、转移消极情绪其实非常容易，我们可以去看看电视，吃吃东西，服用药物，或者去疯狂购物。那么为什么我们要在原本就很艰难的现实中选择继续面对现实，在现实的泥潭中痛苦挣扎呢？

有没有一种真正有效的解决方法呢？你可以先关注一下内心的智慧女神，给自己的灵魂输入一些养分，滋润一下精神世界，这有助于缓解你的绝望情绪。每天花费一点儿时间做灵修，与自己的心灵进行对话，这可以帮助你勇敢面对精神世界的狂风骤雨。你会拥有强大的自信心和平静的内心世界，而不会轻易抓狂。下面我们将把有关精神的谎言逐一击破，剖析到底是什么阻碍了我们触碰自己真实的灵魂，搅乱了本应平和的心灵，从而叩响真相的大门。请你做个深呼吸，放松你的双肩，准备好去触及更高深莫测的自我认知能力吧！了解神秘的宇宙、大自然——一切你认为可以寄托精神的事物。

# 谎言54号

我不需要做灵修。

## 真　相

亲爱的朋友们，我们每个人都需要做灵修，尤其是在当今社会生活节奏越来越快、大环境越来越浮躁混乱的现实情况下。你需要找到适合自己做灵修的方法来滋养你的灵魂，为你的精神世界输送养分，激起你心底的智慧火花。

我接待过成千上万的客户，他们的宗教背景各不相同，我从他们身上学到的经验就是：要想快乐健康地度过每一天，必须在心中的智慧女神的指引下每天做灵修。他们已经发现每天都可以跟自己的心灵对话，每天都可以触及真实的自我。不管是做祷告、冥想、跳舞、散步，还是敲锣打鼓，他们每天都在坚持，目的是为了释放压力，拒绝内心深处的小恶魔对其指手画脚，让自己主动感知自己真实的内心，了解自己华丽的精神世界。不要拿没时间来做借口，这不需要特意腾出时间来做，重点是要为自己创造属于自己的空间，要对自己关爱有加，珍惜自己所拥有的一切。

你需要把每天做灵修的时间看成是送给自己的礼物，千万不要将其当成一种负担，这是你自觉自愿做的，绝没有谁要强迫你这样做。现在请你赶紧停止为自己没有做灵修来找借口吧！就从今天开始做起。

## 挑　战

让我们来创造一种能够让你感到舒心的灵修方式。

- 首先，思考一下有什么东西可以滋润你的心田。你喜欢音乐吗？你经常去教堂吗？一段安静的时光对于你的生活来说是十分珍贵的吗？你是否会为舞蹈而疯狂？你需要确定一种能让你感到快乐并且可以滋养心灵的方式来尝试着做灵修。
- 然后，选出一天当中对你而言最舒心的时间段。我推荐大家选择清晨的时光，但是作为一个忙碌的职场母亲，我深知那些跟我一样的妈妈们会很容易在忙乱的清晨忘记自己制订好的灵修计划。那么你就在一天之中任意选择一段自己认为有可行性的时间来进行灵修吧！可以把灵修时间安排在你的两个固定不变的习惯之间。换句话说，就是要把你做灵修和自己能决定的一定要做的事情联系起来。例如，你可以把做灵修安排在刷牙和喝咖啡之间，或者将其安排在送孩子上床睡觉和看电视之间。

- 你还需要给灵修练习设置计时器。用计时器来提醒你做灵修的时间可以分为起始阶段、中间阶段和结束时刻（提醒结束时间是非常重要的）。如果你想用挠痒痒的方式作为做灵修的初始练习，那么你只需要3分钟的时间。在接下来的几个月中，你可以逐渐增加灵修时间，按照你自己的方式把每天做灵修的时间增加到15～20分钟。你要牢记，做灵修不必拘泥于某种特定的形式，尽可能做到顺从自己的意愿，可以做深呼吸，聆听一首自己最喜欢的歌曲，光着脚丫踩在草地上——任何你觉得适宜的做法都可以接受，你将从中感受到无穷的快乐以及给灵魂带来的丰富养分。
- 放轻松一些！对自己不要太苛刻。让做灵修这种新的习惯变得更有趣味性。请大胆创建一个属于自己的新习惯吧！
- 看看自己每天做灵修会产生怎样的感觉。你感到自己的注意力更加集中了吗？感到自己的压力得到缓解了吗？感到自己更注重当下的感受了吗？

为了让每天的灵修取得更有力、更积极的效果，有时候需要你多花费一点儿时间。当我刚开始做灵修时，我经常呆坐在那里吸气呼气，用真诚渴求的目光盯着那些令我纠结的待办事项列表，15分钟就这样过去了。我的大脑实际上还是一片空白！不过我依然坚持做下去，现在我已经觉得每天做灵修顺畅多了。我因此而感到充实，有着强烈的存在感，也很乐于面对现实，尽情地享受人生。

## 我敢断言

我每天都会进行沉思、冥想、想象，快乐无比。这是我的一种习惯，我觉得做起来非常简单，非常轻松。

让我们安静下来，也许我们可以听到神灵的喁喁私语。

——拉尔夫·沃尔多·爱默生

美国哲学家，诗人，超验主义文艺复兴运动的领袖

# 谎言55号

为了成长我必须忍受痛苦。

## 真　相

忍受痛苦是人生的一个组成部分，但是这并不意味着我们就一定需要创设艰难恶劣的环境进行自我折磨和践踏，通过这种方式让自己脱胎换骨成长起来，积累宝贵的精神财富。其实寻求快乐与承受痛苦相比并没有增加难度，快乐的体验更容易促进你的成长，更能深入地触及你的灵魂。同样的，艺术也可以来源于快乐。需要我提供一些证据吗？撷取几篇帕布鲁·涅鲁达的爱情诗歌或者鲁米的神秘诗歌，去体验其中折射出来的炫丽幸福之光吧！

我发现人们很容易就会走向乐于承受痛苦的歧途。就拿贝蒂来说，她的家规里的要求是必须去教堂做祷告，要限制食物的摄入量，忍受饥饿，她受到的教育是一切令人感到美好的事情，如听听音乐、跟闺蜜聊聊男孩的话题、特意选一条礼服裙去参加校园舞会等都是罪恶的，是不齿的。因此，贝蒂的人生刻板而又无趣，整天都在忍耐中度过。没有音乐会，没有闺蜜之间的闲聊，当然也没有漂亮的新礼服。她自己也说不清楚为什么现在这种状态就是正确的，为什么只有忍耐才能体现她的节操和道德感。我们一起剖析了她的内心世界，发现她在潜意识中已经把忍耐当成了一种崇高的品质和应具备的道德情操。她从来就没有想过要触及自己真实的灵魂，她认为自己远离痛苦的折磨、享受一帆风顺的人生就是一件羞愧之事。她觉得自己需要经历一些戏剧性的苦难，被混乱的情绪纠缠，才能获得成长。事情一定会向着好的方向发展的，贝蒂经常因为自己能够通过忍耐而产生炫耀的心理。不过贝蒂最终在我们的帮助下决定走出歧途，感知自己真实的精神世界，创造并享受快乐幸福的人生。

贝蒂开始收集自己面对现实享受幸福时光的证据了，像坠入爱河、生下可爱的孩子们、唱出心中的歌等。她开始慢慢接受生活中的各种小幸福和小乐趣。渐渐地，她不再绷着那根提醒自己要忍耐的弦了。贝蒂还给我展示了她的独唱光盘，她参加了教堂的唱诗班，将幸福之声唱响教堂——她穿着崭新的礼服裙，看上去是那么美丽动人。

## 挑　战

通过回答下面的问题来揭示有关痛苦和快乐的谎言。

- 对你而言痛苦意味着什么？
- 痛苦能带给你什么礼物？
- 当你在忍受痛苦时会觉得自己拥有了高尚的道德情操吗？
- 对你而言快乐意味着什么？
- 你所经历的最快乐的事情是什么？
- 你怎样才能利用更充足的时间把快乐的养分进一步输送到精神世界？

### 我敢断言

我可以接受快乐作为我的导师，快乐的意义十分重大。

人们需要艰难地走出一味强调忍耐的歧途。因为对于未知事物的恐惧，人们总是喜欢接受自己熟悉的东西。

——行禅师

越南旅法僧侣，作家

# 谎言56号

我的人生没有目标。

## 真 相

我们每个人都有一个目标，我们的人生都是有意义的。现在是时候该让你了解一下自己独一无二的人生目标了——那些能让你感到激情澎湃、活力四射的事物，能让你在其中感受到欣喜愉悦。

每当我给女儿读瑟斯写的书时，我都深深地为他所描述的每个人独一无二的美丽人生目标而感动："今天的你是独一无二的你！这比真实更真实！世上不可能还存在着一个比你更像你的人！"我非常希望看到世间的孩子们可以接受这样的信息，让他们充分了解自己，做真正的自己，明白自己的人生目标是世界上独一无二的。下面我将跟大家讨论这个充满正能量的话题。

我知道如果一个人对于人生目标十分迷茫的话会感到痛苦万分，有很多客户来找我寻求帮助的目的就是希望我能帮助他们搞清楚自己在地球上存在的意义到底是什么，他们应该怎样做好独一无二的自己。下面我将给大家提供一些可以更好地明确人生目标的练习。

## 挑　战

我们希望达到的目的是帮助你明确真正的人生目标，搞清楚自己最高的生活目标是什么。即使你已经认为自己有了明确的人生目标，也希望你能从下面的必选题目中找出至少两个来做做练习，这会帮助你加深对人生目标的理解，当然你也可以随时重温这些练习，有时候能帮助你修正自己的人生目标，提高自己的思想境界，让你受益匪浅。

- 说出你的人生目标：首先，我希望你能清楚地知道自己已经做好准备要追求什么最高目标了。
- 可视化人生目标：请通过下面的可视化练习来进一步探究你的人生目标。
  1. 想象一下你已经90多岁高龄了，正坐在门廊里的石椅上，这时候一个小朋友来到你的面前说："你为了什么而活着呢？"你该怎样回答呢？

2. 如果给你一个机会让你设计一块广告牌立在主要城市的高速路上，你想把它设计成什么样呢？你想在广告牌上写些什么？你会在上面写标语吗？或者选择没有文字的图画？你想用什么颜色作为广告牌的主色？广告牌背后隐藏着你的什么意图呢？

- 接受反馈：询问三个最了解你的朋友，看看他们眼中的你的人生目标是什么。接受他们的反馈意见。一定要虚心接受。所谓“旁观者清”，有时候外人更能以犀利敏锐的视角提出意见，让我们知道自己对他人到底会有怎样的影响。
- 寻求指导：拿出一张白纸，在白纸最上方写下一个问题：“我的人生目标是什么？”然后让你心中的智慧女神对该问题做出回答。请你在潜意识中顺其自然地把答案一一写在纸上，不要刻意监控自己的思想，任凭你的智慧溪水汩汩流过……你可以通过这种方式跟自己对话，进行自省。你可以在上床睡觉之前在一张白纸上写下这个问题，这样你可以在梦中找到问题的答案。在经过一晚的睡眠之后，你不必开口，只需要把你的梦的内容写在纸上，看看你的梦能带给你什么样的提示信息。
- 创建属于你自己的人生目标：观察一下你的可视化目标、来自他人的反馈意见、你的个人日记这三者之间是否有重复之处。看看你能否在此基础上总结归纳出自己的人生目标。这个目标不需要很复杂，如“我是个警醒的人”，或者“我是杰克和萨姆的母亲，我还是所在团队的引路人”。要给自己创建一个有效的人生目标，这个目标并不需要完美无缺。

### 我敢断言

我正在为了我的最高人生目标而快乐地生活着。

因为世上只有一个你，所以当你意识到自己的独特价值后就会永远充满激情与活力，充满热情与生命力，你的表现永远是独一无二的。如果你把自己的独特性严严实实地封锁起来，那么它将永远不会通过其他途径显示出来，将会永远的消失。

——玛莎·葛兰姆

美国舞蹈家，舞蹈编排家，现代舞的先驱

# 谎言57号

我应该可以结束悲哀的情绪了。

或者表述为：

世上只有一种悲哀的方式。

## 真　相

悲哀与伤痛完全属于个人行为，我们每个人都有自己表达哀伤的方式。当我开始撰写这一章的内容时，我那亲爱的婆婆刚刚离开了人世，她的离去十分突然，让我觉得悲剧来临得太让人措手不及了。我的婆婆约翰尼是个有着男人名字的优秀女性，有着独特的魅力，光是她那带有男性色彩的名字就足以让她显得那么与众不同。在她离开人世之后，我的丈夫对我说："我觉得自己表达哀思的方式是错误的。"而我想的是："我究竟应该以怎样的方式更快乐地面对婆婆的离世呢？""我们究竟要为此经历多长时间的哀伤呢？"我很清楚地知道世间存在着许多有关陷入悲痛旋涡的谎言。

悲哀的情绪是一个过程，它可以在每一分每一秒，在你的一呼一吸之间，在一步步地掌控你。凭我的个人经验可以告诉你，世上根本不存在正确的悲哀形式，与其苦苦寻求正确的表达哀思的方式，不如转而投向快乐的怀抱。就某种程度而言，生者更积极快乐地生活才是对死者最大的慰藉。

在我亲爱的婆婆去世之后，我用了5年多的时间才渐渐平复心中的哀伤，但是那股悲痛感还会时常如潮水般向我涌来——有时候会在我十分意想不到的时候出现，如我在超市看到一个陌生人在大笑的时候会突然想起已经过世的婆婆，或者我的女儿安娜贝拉做出了什么特别可爱的举动时我就会想到她的奶奶约翰尼永远也看不到她的可爱相儿了。不过我不会一味纠结于到底该不该思念已故的婆婆，而是学会了接纳自己的悲痛情绪，逐渐能够把对婆婆的哀思融入我的日常生活中，因为我的目标不再局限于“希望尽快从失去婆婆的悲伤中走出来”了。

## 挑　战

通过回答下列问题来剖析你的悲伤情绪。

- 回忆一下你最近一次体验悲伤的情景，你是怎样表达悲伤情绪的？
- 正在悲痛中的其他人是如何表达悲伤情绪的？

- 注意观察一下各种表达悲伤情绪的方式，看看它们有什么不同。（你会从自己或他人身上发现很多表达悲痛的方式，像喝酒、睡觉、疯狂工作、胡吃海塞、参加啦啦队、放声痛哭、寻求孤独等。）
- 当别人希望你尽快走出迷茫状态时，你会重视别人的建议吗？
- 你是否会为了不辜负别人的期望而努力寻求某种适合你的表达悲伤情绪的方式呢？或者努力在某个特定的时刻表达悲伤情绪？
- 你自己感觉最“正确”的表达悲伤情绪的方式是什么？
- 最后，请相信自己的选择，顺从自己内心的感受，如果下次再经历至亲离世的悲剧，不要再就如何正确表达哀思而斟酌踌躇了，你可以任凭悲伤的情绪弥漫，不必做什么价值判断，直接去体验什么叫悲痛欲绝好了。

### 我敢断言

我会因为亲爱的人离开人世而悲伤，同时也很高兴我能为了已故的亲人而更好地活着。

**那些不愿从悲伤水井的表面潜入无法让人呼吸的黑色深水中去的人们，是永远也不会了解供我们饮用的神**

秘的水之源是什么样子，无法体会井水的那份清凉和纯净，也不会找到那些在幽深的水中隐隐发光的小钢镚儿，也就没有机会把这些可以寄托更多愿望的小钢镚儿扔向远方。

——大卫·怀特

爱尔兰诗人

# 谎言58号

我的生活内容还会更加丰富。

或者表述为：

我的生活会在某一天真正开始。

## 真 相

这就是人生，这就是生活。生活中总有一些时候是愉快舒心、积极乐观的，也总有一些时候是低迷消沉、烦躁无聊的。只有你自己才能做出决定是否要活在已经被指定好的框架中。

也许你现在正经历着生存危机。你在工作中可能遇到了巨大的障碍，你可能认为这种令你绝望的状态永远都不会发生改变。也许你经过了多年的努力刚刚实现了一个伟大的目标，你却意识到这种所谓的成功不过是赢得了他人的几句吹捧赞美之词而已。就如同在你刚刚尝到了成功的甜头时，你心中的小恶魔一边看着你像小狗一样追着自己的尾巴原地转圈，一边拿着扩音器向你提出这个讨厌的问题：“这就是你人生的全部吗？”

实际上，你的人生就是你的现在，你应该活在当下。无论是好是坏，抑或是丑陋无比，这都是你真正的人生。如果你对现在的生活十分不满，那么请你大胆地为了自己的理想目标而做出改变吧！要注意的是，你心中的小恶魔很喜欢出来指手画脚，用谎言来迷惑你。它可能会让你认为自己需要完全颠覆原来的生活方式，要把原来生活中的方方面面都彻底转变，恨不得要跑到巴黎重新开启一段人生之旅，而实际上你只需要简单地改变一下自己的生活理念即可，根本不需要搞得这么惊天动地。

因此，我们现在就通过下面的练习来创造一种适合自己的生活理念，以便让我们更快乐无忧地生活。毕竟，人生苦短，你从生到死的时间（就像从家里出来又回到家中一样）就是你不断探索和冒险的时间。我建议你在这段人生旅程中能充分享受生活的快乐，在每一个时刻都可以拥有激动兴奋，都可以为生命而喝彩狂欢。因为你正在开心地活着。做个深呼吸，我亲爱的朋友，尽情地买醉高歌吧！这才是真正的生活。你为什么不去好好享受呢？

## 挑　战

下面要呈现的练习受到了著名的舞蹈编导比尔·T.琼斯及其著作《静止/这里》的启发。（你还可以从比尔莫耶斯的同名纪录片中获取更多有关《静止/这里》的信息。）让我们先来享受一些创造性的乐趣。

- 拿出一张纸，迅速地勾勒出一幅有关你的人生的“财富地图”。
- 请问你是从这张纸的什么位置开始着手画图的？是中间？还是边沿？你画的地图是什么颜色的？是什么形状的？通往下一个歇脚点的路径在哪儿？再下一个歇脚点呢？
- 如果你乐意的话可以随意增加文字或图案。你可以按照自己喜欢的方式随意描绘出你的旅行图，标注上你曾经驻足歇息的地方。纸上是不是出现了一些参差不齐的锯齿状线条？这说明你作为一个年轻人会有一些狂热的想法，充满了生活的激情。在你的起笔处是不是用沉重的轮廓画了个圈？这表示在你的家庭观念外面有一圈坚固的围墙包围着。在地图上有没有一处地方是你一遍又一遍疯狂画圈涂抹的呢？（当然这种疯狂的圆圈肯定是在我20多岁的时候画的。）
- 画这幅地图绝没有什么正确或错误之说，这纯粹是凭着你的直觉来画的，只是给自己留下一个印象而已，除了你自己不会有第二个人来看这幅图。所以请不用担心自己画得是否完美，你只需自然而然地随着自己的潜意识去绘画就行了。

现在你已经有了一幅形象的人生地图了，这可以反映出你的生活理念，看看你自己正处于人生旅途的哪个阶段。

- 你正站在人生道路上的什么位置？你是否还在起点附近？抑或是正处于中心位置？
- 在这幅地图上你希望自己下一步走到什么位置呢？
- 你打算怎样描绘你的下一部分人生地图呢？
- 你打算怎样致力于享受人生呢？这可能是个寻求财富的过程，但是你要记得你自己才是真正有价值的瑰宝。

### 我敢断言

我的人生就是一个趣味横生的寻宝游戏，而我自己就是那个大宝贝！

人生应该是充满乐趣的。

——埃丝特·杰瑞·希克斯

美国作家，心灵导师

# 谎言59号

只有体验到濒临死亡的感觉时才能给自己敲响警钟。

## 真 相

你可以主动唤醒自己，给自己敲响警钟。我现在就想要求你把本节内容作为你的警钟。别相信什么“只有到了死亡的边缘才能体会到人生的真谛”这样的谎言，也别相信只有当别人提醒你人生苦短要珍惜时光的时候才会进行生活反思。相反，我希望你能把每一天都过得丰富多彩，每一天都活得快乐充实。

我有一个很好的朋友在几年前经历了一场惨重的车祸。她在死亡的边缘走了一圈回来以后，仿佛看到了一道白光指引着她前进的方向，还似乎听到了一种富有创造力的声音，只因她找到了明确的人生目标。听她说的还真是一个神奇的经历啊！这让我十分想知道是不是除了遇到车祸和其他与死神擦肩而过的经历还有别的途径可以让人对自己敲响警钟。于是我拿自己（和我的客户们）做实验，发现我们完全可以自主选择在任何时候用某种方式提醒自己思考人生真谛，下面我将呈现到底应该怎么做。

## 挑　战

请你按照下面的步骤进行练习。

- 不管你手头正在干什么，请立即停止，保持安静。闭上眼睛，集中注意力做深呼吸，慢慢地呼吸5次。感觉真正达到了身心合一的境界。
- 关注一下你的身体有什么感觉。你觉得肩膀很紧张吗？你的胃里有点恶心想吐？你的脚底板似乎有嗡嗡声？对你的身体进行一次全面扫描，让自己全身心地关注现在，卸下身上背负的压力，舒缓每一根神经，感觉好像有一道金色的光芒照耀着你，再做一次深呼吸。
- 然后把你眼中的生活重心一一列出来。你最看重生活的哪一部分？是家庭吗？是朋友吗？是工作吗？是健康吗？到底哪一个才是对你真正意义重大的呢？
- 在时间上做出比较。你在最看重的方面投入了多少时间？如果你最看重家庭的话，你却只花费了10%的时间在家庭上，那么你的生活状态肯定处于紊乱中。如果你最看重的是健康，你却无法做到每天有规律地外出散步，反而经常在办公室加班到很晚，那么你肯定得做出改变了。

- 做一个“死亡登记”。这听上去也许有点恐怖，但是向自己提出下面的问题也是很有意义的：如果你知道自己只能再活一年的时间，你会怎样度过生命中的最后一年呢？你会去欧洲旅行吗？你会结束一段不幸的婚姻吗？你会不再残忍苛刻地对待自己，开始尝试践行自尊自爱的人生信条吗？
- 不要再一味拖延下去。你一拖再拖的事情是什么？生活中有什么让你变得麻木了吗？
- 大胆进行改变。如果你已经注意到自己关注的生活重心和为其投入的时间不相匹配，现在就是时候该改变你自己了。如果你在生命的最后一年打算把原来的生活全部打翻重新开始全新的人生，那么现在就是时候该彻底告别旧生活了。如果你一再推迟做对你而言意义重大的事情，那么现在就是时候该勇敢行动起来了，要果断在实践中做出改变。
- 承担责任。你要勇挑大任，要做出人生的三大改变。可以把你的重任和至少一个有责任感的伙伴分享一下。

## 我敢断言

每时每刻我都知道自己在清醒地活着，我知道什么才是属于我的人生。

为什么要等着去体验濒临死亡的感觉呢？生活本来就是一种濒临死亡的经历。

——邦妮·弗里德曼

美国作家

# Postscript

# 后 记

你心中的智慧女神觉醒了

早上好！不管你在一天之中的什么时间阅读本书，我都希望你能在本书的启示下有一个新的开始，开始描绘一幅新的人生画卷。很简单，你只需意识到自己一直坚守的人生信条其实都是你心中的小恶魔告诉你的谎言，真相就会呼之欲出了。这意味着你会挖掘出内心深处真实的自我，搞清楚真正的自己是什么样子的：你是一位高尚的、优秀的、迷人的女性，你可以为世界做出巨大的贡献，你就是一颗发出耀眼光芒的智慧之星！

现在你已经踏上了唤醒心中智慧女神的旅程，而且你会用后半生走完这段旅程。在每一个崭新的日子，你都有机会去探究心中智慧女神揭示的真相。我希望你能日复一日地坚持下去，在每一分每一秒都能关注你自己的真实感受。每当你感到有痛苦的情绪袭来时，这就是一种信号，预示着你正在受到消极谎言的迷惑，你正在受到心中小恶魔的诅咒和欺骗。这时候你就要拿出时间进行以下三个步骤的练习了。

## 唤醒智慧女神的三个步骤

- 第一步：问问自己，“我心中的小恶魔正在说什么谎言呢？”大声告诉自己再也不想忍受谎言的欺骗了。要把心中的谎言从阴暗的角落移到阳光下，这样有助于你看透真相。千万不要退缩，要大声呵斥，揭穿谎言，让它离你远点吧！

- 第二步：闭上你的眼睛，深呼吸，问问自己，“我心中的智慧女神有什么指示？”沉静下来去探索智慧女神揭示的真相。在真相的土壤里，你的真实情感的种子才能生根发芽。你的心灵就像有了归宿。你的身心就像经过了洗礼一般，彻底瓦解了各种消极的谎言。这种感觉简直好极了！（要记住，即使你心中的智慧女神说出的真相有些难以接受，甚至有些过于严格，那也比你一直受到各种谎言的严厉指责要好得多。你心中的智慧女神是以同情关爱你为出发点的，而你心中的小恶魔则是以羞辱责骂你为出发点的。）
- 第三步：通过不断重复念叨（如果可以的话请放大音量）以及用某个姿势或体态来牢牢掌握智慧女神揭示的真相。我喜欢轻轻抚摸我的心口，我的一个客户喜欢挥手，还有一个客户喜欢拍肚子。这些姿势有助于你进一步了解真相，这种感觉非常棒。你会因此而在大脑中建立起一条通往真相的便捷神经通路。我和客户朋友们现在在任何时候都能通过这些简单的姿势抵御谎言的打击，立刻就能用轻松舒缓的心态去接纳智慧女神指出的真相。

通过做这三个步骤的练习，你会感觉到心中的智慧女神对你的影响越来越大，她的智慧之光辐射的范围越来越广，最终你会觉得她几乎已经在每一分每一秒都对你起着积极的引导作用。

我希望你能每隔几个月就重温一下本书的内容，看看你是否又被新的谎言所欺骗。然后试着做做书中的挑战练习，走出谎言，触摸真相。

尽管我已经做了多年的生活导师，也教会了很多人如何击退消极的自我暗示，冲破陈旧生活的枷锁，勇敢走出谎言，但是我依然会在某些时候受到心中小恶魔的影响，让谎言占据了我的大脑，尤其是在我要冒险踏上新的人生舞台的时候。这会让我感到痛苦、尴尬和迷茫。不过人类作为高级动物，出现这种消极情绪也无可厚非。本书就是要为大家提供一套可以用于后半生快乐生活的工具。当然我们不可能给你一个万能箱，让你可以轻松地一拍箱子说道："我现在可以正式宣布再也不会进行消极的自我暗示了。"相反，我们提供的这套工具可以让大家长期使用，帮助大家不断成长进步，不断增强自信，懂得自尊自爱。

请你一定要对生活充满热爱和激情，要相信这套工具可以帮助你走向美好的明天，你会成为自己人生的真正主宰者。你将会为自己的智慧和力量而折服。就请你肆意绽放你的光彩吧，你的人格魅力会散发出耀眼的光芒！

拥有无限热情和巨大爱心的艾米

# 致　谢

早在2005年我就开始进行本书的构思了，经过多年的准备，激发灵感，像怀孕生子一样，终于满怀着爱意诞生了这份作品。许多好朋友、家庭成员、爱我的人、我的客户们还有我的同事们都为这个作品的诞生付出了很多的努力，经过这么长时间的孕育终于有了成果，让我们一起为它庆生吧！我对许多人都有说不尽的感激……

首先最重要的一位，是我最亲爱的优秀的伙伴、同事，也是我的知心大姐姐，萨曼莎·班尼特，她从一开始就一直陪伴着我，很多次我们都在卢斯费利斯咖啡厅里喝着咖啡吃着三明治来讨论书稿的写作。我十分感谢她对本书进行的仔细编校，感谢她提出的宝贵意见，很负责任地帮助我完善书稿内容。萨曼莎，你真是一个天才，我好爱你！

2006年我完成了第一稿的写作，我先是把它交给了两位公务员阅读，优秀的梅勒妮·艾布拉姆斯和米歇尔·科尔根，稍后我又把书稿给了更多的大众读者阅读，包括罗布·阿勒斯、玛丽亚·麦卡恩、拉斯和琳达·格兰特、埃迪·康纳、瑞秋·阿什顿、梅丽莎·麦克法兰、狄安娜·瓦伦汀、克里斯蒂娜·胡卡、玛丽·科尔根、马特·基森、纳丁·里沙，他们都花费了大量的时间来阅读我的书稿，并且从书稿内容、图书封面到出版策划等方面为我提出了许多精彩的建议，给了我很多灵感。卡蒂·贝克还在几年前把所有的建议收集起来编辑成了一份宝贵的档案。我十分感谢你们！

我的家人给了我极大的帮助，他们在我写作的过程中不知疲倦地支持我，特别是我的丈夫罗布，我的女儿安娜贝拉，我的妈妈琳达和爸爸拉斯·格兰特，我的大姐劳拉·帕默和她的丈夫及孩子们——托德、马克斯、艾莉、山姆，我的小妹贝琪·库萨克和她的丈夫及孩子们——布莱恩、布罗迪、亚当、奥布里，还有我的表姊妹、叔叔阿姨等所有亲戚们。能有这样一个无条件支持我、关爱我的大家庭，我感到无比幸运——我觉得生在这样的家庭真像中了头彩一样幸运！

我非常感谢强大的亲友团的鼎力支持和热情帮助，包括我的“新思想妈妈社团”，其成员经常会提醒我关注当下的生活状态，让我的心中一直充满对生活的热爱：感谢艾莉森·彭宁顿、凯利·卡拉汉、妮可·乔治、斯泰西·塞弗特、苏珊·麦格拉思、特蕾莎·卡普兰；还有我的工作圈子里的伙伴们，感谢你们一直对我充满信任，在许多方面给了我许多帮助：感谢卡罗尔·艾伦、克里斯汀·阿里洛、克里斯廷·卡尔森、卡米·格雷、凯伦·鲁索；还有我的“星期五沙龙”里的狄安娜·瓦伦汀和萨曼莎·班尼特：这两位了不起的女性帮我激发出很多灵感的火花；感谢塔佳·施特克尔、阿普里·切特：你们竭尽所能地从各个方面给了我极大的支持。

还有很多知识渊博的学者和老师们给了我很多鼓励，提出了很多建议，给予我很多关爱，我对你们充满了感激之情：尤其是天才克莱尔·萨米特、迈克·罗宾斯、史蒂夫·西斯格尔德、丽莎·兰金、玛茜·西莫夫、莉萨·尼克尔斯、克里斯·凯尔、凯利·坎贝尔（特别感谢你能请我做你的代理人）、夏洛伊·索菲亚·麦克劳德、凯特·温彻、鲍勃·赫斯勒，感谢这些乐于奉献聪明才智的良师益友们。感谢埃斯特和杰里·西克斯，以及亚伯拉罕的教导，我在1999年的时候首次跟你们相遇，对我的生活和工作等各个方面都产生了意想不到的巨大影响。感谢教练培训学院和贝格游戏公司对我进行的卓越培训，感谢在这个过程中陪伴我成长进步的导师、同伴和教练们，尤其是梅丽莎·麦克法兰，在2000年的时候启发我成为一名生活导师，并且成为我的商业合作伙伴——在陪伴我7年多的时间里，我从她身上学到了很多东西。琳达·思韦斯腾，一位充满智慧和爱心的教练，对于图书出版很有见地，感谢她对我提出的建议，在她的推动下我进行了更深入的思考。感谢我的代理人丽莎·黑根，还有我在公共关系方面的“守护神”——吉尔·丹尼尔。

我在“小恶魔教养院”和“智慧女神沙龙”里的好搭档克里斯汀·阿里洛在各个方面都给予了我巨大的帮助和支持，她对我的关爱和指导让我受益匪浅。阿里洛，你就是一个美丽的女皇，我爱你！我非常感谢苏珊·阿丽尔·瑞恩布欧·肯尼迪，我在她的书中得到了最初的写作灵感，我跟她的关系亦师亦友，十分感谢她把我介绍给新世界图书馆出版公司，感谢她陪我在沙滩上散步，感谢她给我带来幸运与奇迹，感谢她给我的书撰写前言，能够跟她做好朋友真是一件甜美开心的幸事！

最后，感谢新世界图书馆出版公司的工作团队，尤其是金·科尔宾和编辑格鲁吉亚·休斯。谢谢你们在本书的编辑出版过程中给予我手把手的指导，你们的编辑水平、工作热情和严谨负责的态度让我钦佩不已，向你们致敬！